氏　　名	_____ 血液型 _____
携帯電話番号	_____
携帯アドレス	_____
自宅住所	_____
電話番号	_____
e-mail アドレス	_____
勤 務 先	_____
所 在 地	_____
電話番号	_____
e-mail アドレス	_____

（記入の必要な個所を自己判断し記入しておく）

測量作業安全衛生手帳の活用について

　　測量事業は比較的労働災害の少ない業種でありますが、全く事故が無いわけではありません。それどころか、事故はつねにあなたを狙っていると考えて間違いありません。国は法律で、各会社は具体的な施策で、皆さんの安全確保につとめています。しかし、最終的には「自分の安全」は「自分で」守らなければなりません。

　　この手帳は、測量の現場で働く人にとって「これだけはぜひ身につけておきたい安全の基本」を体系的にまとめたものです。現場作業中は常に携帯し、作業前には必ず目を通してチェックするようにして下さい。

● 「安全チェックリスト」は、測量作業の安全を確保するための基本的な事項を作業対象地域別／測量の種類別に、チェックできるようにとりまとめたものです。作業の前には必ず目を通し、確認して下さい。

● 「第1章・健康管理」では、健康保持について日頃留意すべき事項を述べています。

● 「第2章・外業の注意事項」では、測量作業現場の安全に関する心得を述べています。

● 「第3章・作業別安全のポイント」では、各作業別に特に注意しなければならない事項を述べています。

● 「第4章・事故発生時の処置」では、不幸にして事故が発生してしまった時の心得と処置について述べています。

● 「第5章・救急処置」では、人命と身体の被害を最小限にくいとめるための応急処置のしかたを述べています。

安全チェックリストの活用

　安全チェックリストは、各地域の作業について、作業の種別ごとに特に注意しなければならない事項をあげたものです。

　毎日、作業に着手する際にかならず目を通してください。できるならば、声を出して、指差し確認をしてください。

チェックリスト

対象地域	平地・道路上・市街地

	項　　　目
手続・準備	1　所属長からの指示事項、注意事項の確認
	2　土地立入証・身分証明書の入手、携帯
	3　宿舎報告（住所、名称、電話、期間）
	4　救急医療機関等の確認
用意する安全装備品	1　作業服、安全靴、安全帽（ヘルメット）
	2　安全チョッキ
	3　軍手
	4　笛
	5　合図灯（夜間）
	6　トランシーバー、携帯電話
	7　腕章
	8　バリケード、看板

凡例	
○印	必要な項目
●印	必要な項目のうち特に重要な項目
△印	作業の種類や場所により必要となる項目
▲印	同上で必要になった場合に特に重要な項目

(注)環境調査とは、大気、水質、騒音、生体系等の調査をいう。

工　　　種	用地測量	基準点測量	水準測量	路線測量	現地調査	現地測量	砂防調査	地質調査	環境調査		夜間作業
	●	●	●	●	●	●	●	●	●		●
	△	△	△	△	△	△	△	△	△		△
	○	○	○	○	○	○	○	○	○		○
	○	○	○	○	○	○	○	○	○		○
	○	○	○	○	○	○	○	○	○		△
	△	△	△	△	△	△	△	△	△		△
	○	○	○	○	○	○	○	○	○		△
	○	○	○	○	○	○	○	○	○		△
											○
	△	△	△	△	△	△	△	△	△		△
											○
											△

	項	目
出発前に	1	気象情報を把握する
	2	健康状態のチェックを行う
	3	人員配置計画
	4	安全装備のチェックを行う
	5	機材のチェックを行う
	6	自動車の点検、ガソリンは十分か、駐車場情報の入
	7	当日の作業場所を明示し、周知させる
現地では	1	交差点の機械設置に注意する
	2	道路内では機械から離れない
	3	車道上での記録はしない
	4	車道でのスチールテープの使用はできるだけ避ける
	5	標尺は立てて運搬する
	6	車には特に注意する
	7	子供、小学生に注意する
	8	篠の切り株に注意する（フミヌキに注意）
	9	傾斜地では足下に注意する
	10	現場では焚き火をしない
	11	民地立ち入りおよび伐採は承諾を得る
	12	ビルの立ち入りは許可を得る
	13	ビルの屋上では落下物、突風に注意する
	14	標尺を電線に引っ掛けないよう注意する（感電防止

工　　種	用地測量	基準点測量	水準測量	路線測量	現地調査	現地測量	砂防調査	地質調査	環境調査		夜間作業
	○	○	○	○	○	○	○	○	○		○
	○	○	○	○	○	○	○	○	○		○
	○	○	○	○	○	○	○	○	○		○
	○	○	○	○	○	○	○	○	○		○
	○	○	○	○	○	○	○	○	○		○
	○	○	○	○	○	○	○	○	○		○
	○	○	○	○	○	○	○	○	○		○
	○	○	○	○	○	○	○	○	○		○
	○	○	○	○	○	○	○	○	○		○
	○	○	○	○	○	○	○	○	○		○
	○	○	○	○	○	○	○	○	○		○
					○						
	○	○	○	○	○	○	○	○	○		○
	○	○	○	○	○	○	○	○	○		○
	○	○	○	○	○	○	○	○	○		○
	○	○	○	○	○	○	○	○	○		○
	○	○	○	○	○	○	○	○	○		○
	○	○				○	○	○	○		○
			●	●		●					●

対象地域　　山地・丘陵地・森林地帯

		項　　目
手続・準備	1	所属長からの指示事項、注意事項の確認
	2	国有林の入林許可書・身分証明書の入手、携帯
	3	関係先への連絡、計画機関、市町村役場、警察署等
	4	宿舎報告（住所、名称、電話、期間）
用意する安全装備品	1	作業服、安全靴、安全帽（ヘルメット）
	2	雨具
	3	ラジオ
	4	笛、鈴
	5	マッチ、ライター
	6	ロープ（ザイル）
	7	懐中電灯
	8	軍手
	9	トランシーバー、携帯電話
	10	発煙筒
	11	標識テープ
	12	非常食料
	13	救急用具
	14	ハンディGPS
出発前に	1	気象情報の把握、注意報・警報の確認
	2	健康状態のチェックを行う
	3	人員配置計画（高い山は2人以上で）
	4	安全装備のチェックを行う

工　　種	対標・刺針	基準点測量	水準測量	路線測量	現地調査	現地測量	砂防調査	地質調査	環境調査		夜間作業
	●	●	●	●	●	●	●	●	●		●
	△	△	△	△	△	△	△	△	▲		△
	△	△	△	△	△	△	△	△	△		△
	○	○	○	○	○	○	○	○	○		○
		○	○	○	○	○	○	○	○		
		●	△	△	△	△	●	△	●		●
	△	▲	△	△	△	△	△	△	▲		●
	△	△	△	△	△	△	△	△	△		●
	○	●	○	○	○	○	○	○	○		●
	○	○	○	○	○	○	○	○	○		
	△	△	△	△	△	△	△	△	△		
	△	△	△	△	△	△	△	△	△		
	○	○	○	○	○	○	○	○	○		
	△	△	△	△	△	△	△	△	▲		●
	○	○	○	○	○	○	○	○	○		
	○	○	○	○	○	○	○	○	○		
	○	●	○	○	○	○	●	●	●		●
	○	○	○	○	○	○	○	○	○		○
	○	○	○	○	○	○	○	○	○		○
	○	○	○	○	○	○	○	○	○		○

	項	目
出発前に	5	機材のチェックを行う
	6	救急用品のチェックを行う
	7	当日の行程を明示する
	8	帰りの時刻を明示する
	9	自動車の点検、ガソリンは十分か
	10	計画に当たっては、現地の人から情報を収集する
	11	案内人は必要か確認する
現地では	1	木、竹、篠の切り株に注意する
	2	毒蛇（マムシ、ハブ）に注意する
	3	毒虫（特にスズメバチ、クマバチ）に注意する
	4	クマに注意する（情報収集、ラジオ・鈴、笛の用意）
	5	タバコは、指定の場所以外では禁煙とする
	6	山火事の予防に注意する
	7	無理と思ったら引き返す勇気を持つ
	8	山道の運転は特に慎重に
	9	伐採は最小限度に止める
	10	ナタ、カマの使用は水で濡らした手袋をはめて使用
	12	伐採は木の倒れる方向に注意する
	13	落雷に注意する
	14	密林内の通行は標識テープ等を木に縛り、帰路を確保
	15	樹木の登り・降りはゆっくりと行う
	16	滑落に注意する（急斜面、ダム、滝、巨石、絶壁）

工　　種	対標・刺針	基準点測量	水準測量	路線測量	現地調査	現地測量	砂防調査	地質調査	環境調査		夜間作業
	○	○	○	○	○	○	○	○	○		○
	○	○	○	○	○	○	○	○	○		○
	○	●	○	○	○	○	●	○	○		●
	○	○	○	○	○	○	●	●	○		○
	○	○	○	○	○	○	○	○	○		○
	○	○	○	○	○	○	○	○	○		○
	○	○	○	○	○	○	○	○	○		○
	○	○	○	○	○	○	○	○	○		○
	○	○	○	○	○	○	○	○	○		○
	○	○	○	○	○	○	○	○	○		○
	○	○	○	○	○	○	○	○	●		○
	○	○	○	○	○	○	○	○	○		○
	○	○	○	○	○	○	○	○	○		○
	●	●	●	●	○	●	●	●	●		●
	○	○	○	○	○	○	○	○	○		○
	○	○	○	○	○	○	○	●	○		○

	項目	
現地では	17	落石に注意する
	18	突風に注意する
	19	帰りの時間を確保する
	20	現地を離れる前に作業の点検、機材の点検を行う

対象地域　　鉄道・高圧線周辺

	項目	
手続・準備	1	事故防止保安書・保安打ち合わせ簿の確認
	2	土地立入証・入林許可証・身分証明書の入手、携帯
	3	関係先への連絡（鉄道）保線区、電力区、計画機関
	4	関係先への連絡（高圧線）電力会社、電発、計画機
	5	列車ダイヤの確認（適切な人数の見張員を配置）
	6	宿舎報告（住所、名称、電話、期間）
	7	所属長からの指示事項、注意事項の確認
	1	作業服、安全靴、安全帽（ヘルメット）
	2	笛
	3	信号炎管 4 本入

工　　種	対標・刺針	基準点測量	水準測量	路線測量	現地調査	現地測量	砂防調査	地質調査	環境調査		夜間作業
	○	○	○	○	○	○	○	○	○		○
	○	○	○	○	○	○	○	○	○		○
	○	○	○	○	○	○	○	○	○		○
	○	○	○	○	○	○	○	○	○		○

工　　種	対標・刺針	基準点測量	水準測量	路線測量	現地調査	現地測量	砂防調査	地質調査	環境調査		夜間作業
	○	○	○	○	○	○	○	○	○		○
	○	○	○	○	○	○	○	○	○		○
	○	○	○	○	○	○	○	○	●		○
	○	○	○	○	○	○	○	○	●		○
	○	○	○	○	○	○	○	○	○		○
	○	○	○	○	○	○	○	○	○		○
	●	●	●	●	●	●	●	●	●		●
	○	○	○	○	○	○	○	○	○		○
	○	○	○	○	○	○	○	○	○		○
	○	○	○	○	○	○	○	○	○		○

		項　目
用意する安全装備品	4	赤旗、白旗、合図灯（夜間）
	5	懐中電灯
	6	電気用ゴム手袋
	7	トランシーバー、携帯電話
	8	腕章、安全チョッキ
出発前に	1	気象情報を把握する
	2	健康状態のチェックを行う
	3	人員配置計画
	4	安全装備のチェックを行う
	5	機材のチェックを行う
	6	自動車の点検、ガソリンは十分か
	7	計画機関に当日の予定を連絡する
	8	当日の臨時列車のダイヤを確認する
鉄道・高圧線周辺では	1	工事管理者の指示をうける
	2	防護用具の使用法は知っているか
	3	軌道（車両限界）内に機材を置かない
	4	赤色衣服を着用しない
	5	スチールテープの軌道内使用は禁止する
	6	架線に注意する（活線近接作業時は監視人を配置す
	7	軌道敷内における記録は避ける
	8	線路横断は指差確認をする

工　　種	対標・刺針	基準点測量	水準測量	路線測量	現地調査	現地測量	砂防調査	地質調査	環境調査		夜間作業
	○	○	○	○	○	○	○	○	○		●
	○	○	○	○	○	○	○	○	○		●
			△	△		△					
	△	△	△	△	△	△	△	△	△		○
	○	○	○	○	○	○	○	○	○		○
	○	○	○	○	○	○	○	○	○		○
	○	○	○	○	○	○	○	○	○		○
	○	○	○	○	○	○	○	○	○		○
	○	○	○	○	○	○	○	○	○		○
	○	○	○	○	○	○	○	○	○		○
	○	○	○	○	○	○	○	○	○		○
	○	○	○	○	○	○	○	○	○		○
	●	●	●	●	●	●	●	●	●		○
	●	●	●	●	●	●	●	●	●		●
	○	○	○	○	○	○	○	○	○		○
	○	○	○	○	○	○	○	○	○		○
	○	○	○	○	○	○	○	○	○		○
	○	○	○	○	○	○	○	○	○		○
	○	○	△	○	○	○	○	○	○		○
	○	●	●	●	○	○	○	○	○		○
	○	○	○	○	○	○	○	○	○		○
	○	○	○	○	○	○	○	○	○		○

	項 目
鉄道・高圧線周辺では	9　トンネル、鉄橋架線はダイヤ確認、避難所の確認をす
	10　退避は安全な場所を選ぶ
	11　鉄橋では突風に注意する
	12　埋坑では通信線を切らないように注意する
	13　踏切内の赤外線「障害物探知装置」に注意
	14　対空標識は確実に固定する
	15　赤色のポール、測旗等は使用しない
	16　標尺は3メートル以下のものを使用する
	17　標尺はスチール・アルミ製のものは使用しない
	18　現地を離れる前に機材のチェックを行う

対象地域　　坑内・下水道

	項 目
手続・準備	1　所属長からの指示事項、注意事項の確認
	2　入坑・出坑届を出す
	3　宿舎報告（住所、名称、電話、期間）
	4　救急医療機関等の確認

工　種	対標・刺針	基準点測量	水準測量	路線測量	現地調査	現地測量	砂防調査	地質調査	環境調査		夜間作業
	○	○	○	○	○	○	○	○	○		○
	○	○	○	○	○	○	○	○	○		○
	○	○	○	○	○	○	○	○	○		○
	○	○	●	○	○	○	○	○	○		○
	○	○	○	○	○	○	○	○	○		○
	○										
	○	○	○	○	○	○					
	○	○	○	●	○						
	○	○	○	●	○						
	○	○	○	○	○	○	○	○	○		○

工　種	基準点測量	水準測量	路線測量	現地測量	地質調査	環境調査		夜間作業			
	●	●	●	●	●	●		●			
	△	△	△	△	△	△		△			
	○	○	○	○	○	○		○			
	○	○	○	○	○	○		○			

		項　　　目
用意する安全装備品	1	作業服（反射テープ付き）
	2	長靴
	3	安全帽（ヘルメット）、安全帯
	4	懐中電灯
	5	笛
	6	反射塗料付き腕章
	7	水筒
	8	可燃性ガス・酸素・硫化水素・一酸化炭素測定器
	9	非常食料
	10	救急品
出発前に	1	作業予定を確認する
	2	健康状態のチェックを行う
	3	連絡方法、場所の確認をする
	4	安全装備のチェックを行う
	5	人員配置計画
	6	坑内安全規則の確認をする
	7	計画機関に当日の予定を連絡する
	8	入坑、出坑、坑内の人荷車の予定を確認する
	1	足元に注意する
	2	落石に注意する
	3	タバコは、指定場所以外では禁煙とする

工　種	基準点測量	水準測量	路線測量	現地測量	地質調査	環境調査		夜間作業		
	○	○	○	○	○	○		○		
	△	△	△	△	△	△		△		
	●	●	●	●	●	●		●		
	●	●	●	●	●	●		●		
	●	●	●	●	●	●		●		
	△	△	△	△	△	△		△		
	○	○	○	○	○	○		○		
	○	○	○	○	○	○		○		
	○	○	○	○	○	○		○		
	○	○	○	○	○	○		○		
	○	○	○	○	○	○		○		
	○	○	○	○	○	○		○		
	○	○	○	○	○	○		○		
	○	○	○	○	○	○		○		
	○	○	○	○	○	○		○		
	○	○	○	○	○	○		○		
	△	△	△	△	△	△		△		

項	目	
	4	服装に注意する
	5	頭上に注意する
	6	感電に注意する
	7	設備に手を触れない
現	8	人荷車に注意する（合図・警報の確認、退避所の確認
	9	機材を置く位置に注意する
地	10	作業は落ち着いて行う
	11	危険を感じたら作業は止める
で	12	安全帽（ヘルメット）のアゴ紐は必ずしめる
	13	作業時間に注意する
は	14	口笛を吹かない
	15	マンホールの蓋の開閉時は手足を挟まれないよう注意す
	16	マンホールの開蓋時に所定の防護柵と監視員を配備す
	17	下水管内の退避所等避難方法の確認を周知徹底する

工　　種	基準点測量	水準測量	路線測量	現地測量	地質調査	環境調査		夜間作業		
	△	△	△	△	△	△		△		
	○	○	○	○	○	○		○		
	●	●	●	●	●	●		●		
	●	●	●	●	●	●		●		
	○	○	○	○	○	○		○		
	●	●	●	●	●	●		●		
	○	○	○	○	○	○		○		
	○	○	○	○	○	○		○		
	△	△	△	△	○	○		△		
	○	○	○	○	○	○		○		
	○	○	○	○	○	○		○		

対象地域　　汀線・河川縦横断、水面周辺

		項　　　目
手続・準備	1	所属長からの指示事項、注意事項の確認
	2	身分証明書の入手・携帯
	3	関係先への連絡、計画機関、ダム等管理所、市町村役
	4	宿舎報告（住所、名称、電話、期間）
用意する安全装備品	1	作業服、安全帽（ヘルメット）安全靴
	2	ウェットスーツ
	3	救命具
	4	安全ベルト
	5	笛
	6	ロープ
	7	懐中電灯
	8	ゴム（皮）手袋
	9	トランシーバー、ハンドスピーカー、携帯電話
	10	救急箱
	11	赤白旗
	12	浮輪
	13	軍手
出発前に	1	気象情報・上流のダム、水門の放流時間の情報入手
	2	当日の帰りの時刻を計画機関等に連絡する
	3	計画に当たっては、現地の人から情報を収集する
	4	健康状態のチェックを行う

工　　種	現地調査	基準点測量	縦断・横断	水際測量	深浅測量	潮流調査	漂砂調査	水質調査	底質調査	海底地形地質調査
	●	●	●	●	●	●	●	●	●	●
					○	○	○	○	○	○
	○	○	○		○	○	○	○	○	○
	○	○	○		○	○	○	○	○	○
	○	○	○		○	○	○	○	○	○
			●	●						
			●	●		●	●	●	●	●
					○	○	○	○	○	○
					○	○	○	○	○	○
	○				○	○	○	○	○	○
					○	○	○	○	○	○
						●	○	○	○	○
					○	○	○	○	○	○
	○				○	○	○	○	○	○
					○	○	○	○	○	○
					○	○	○	○	○	○
	○	○	○		○	●	●	○	●	●
	○	○	○	●	●	●	●	●	●	●
	○	○	○		○	○	○	○	○	○
	○	○	○		○	○	○	○	○	○
	○	○	○		○	○	○	○	○	○

	項　　目
出発前に	5　人員配置計画
	6　安全装備のチェックを行う
	7　機材のチェックを行う
	8　救急用品のチェックを行う
	9　自動車の点検、ガソリンは十分か
現地では	1　木、竹、篠の切り株に注意する
	2　毒蛇（マムシ、ハブ）に注意する
	3　毒虫（特にスズメバチ、クマバチ）に注意する
	4　軟弱地盤に注意する
	5　タバコに注意する、山火事の予防に注意する
	6　水深の深溜に注意する
	7　崖付近に注意する
	8　水際、山道の運転は特に慎重に
	9　伐採は最小限度に止める
	10　ナタ、カマの使用は水で濡らした手袋をはめて使用す
	11　基準点設置場所に注意する（崖上、崖下等）
	12　岩いる地帯、テトラポッドからの墜落事故に注意す
	13　河口を泳いで渡ることをしない
	14　急な崖部の登り下りは、滑落事故防止のため、安全ルートを確保出来ない限り実施しない

工　種	現地調査	基準点測量	縦断・横断	水際横断	深浅測量	潮流調査	漂砂調査	水質調査	底質調査	海底地形地質調査	
	○	○	○	○	○	○	○	○	○	○	
	○	○	○	○	○	○	○	○	○	○	
	○	○	○	○	○	○	○	○	○	●	
	○	○	○	○	○	○	○	○	○	○	
	○	○	○	○	○	○	○	○	○	○	
		○									
		○									
		○									
		○			○						
		○									
		○								○	
		○									
		○			○	○	○	○	○	○	
		○									
		○									
		○	○	○	○					○	
	○	○	○	●	○					○	
	○	○	○	○	○	○	○	○	○	○	

対象地域　　海上・水面上での作業

	項目
手続・準備	1　所属長からの指示事項、注意事項の確認
	2　海上作業許可証又は届書・身分証明書の入手、携帯
	3　関係先への連絡（海上保安部、漁協、計画機関）
	4　宿舎報告（住所、名称、電話、期間）
用意する安全装備品	1　作業服、安全帽（ヘルメット）安全靴
	2　ロープ
	3　ウェットスーツ
	4　救命具（ライフジャケット等）
	5　安全ベルト
	6　笛
	7　トランシーバー、ハンドスピーカー、携帯電話
	8　赤白旗
	9　浮輪
	10　軍手
	11　懐中電灯
	12　ゴム（皮）手袋
	13　救急箱
出発前に	1　気象情報・海上模様の把握
	2　健康状態のチェックを行う
	3　人員配置計画
	4　安全装備のチェックを行う

工　　　種	現地調査	基準点測量	縦断・横断	水際断面	深浅測量	潮流調査	漂砂調査	水質調査	底質調査	海底地質調査	
	●	●	●	●	●	●	●	●	●	●	
				○	○	○	○	○	○	○	
	○	○	○	○	○	○	○	○	○	○	
	○	○	○	○	○	○	○	○	○	○	
	○	○	○	○	○	○	○	○	○	○	
	○	○	○	○	○	○	○	○	○	○	
			○	●	●						
			○	●	●	●	●	●	●	●	
						○	○	○	○	○	
						○	○	○	○	○	
						○	○	○	○	○	
						○	○	○	○	○	
	○	○	○		○	●	●		●	●	
			○			○	○		○	○	
						○	●		○	○	
			○			○	○		○	○	
	○	○	○	●	●	●	●	●	●	●	
	○	○	○	○	○	○	○	○	○	○	
	○	○	○	○	○	○	○	○	○	○	
	○	○	○	○	○	○	○	○	○	○	

	項　　目
出発前に	5　機材のチェックを行う
	6　当日の帰りの時刻を明示し、計画機関等に連絡する
	7　計画に当たっては、現地の人から情報を収集する
	8　弁当等
	9　救急用品のチェックを行う
現地では	1　船長の指示に従う
	2　みだりに船上を移動しない
	3　船上を移動するときは安全を確認する
	4　物品は落下しないように下部に置く
	5　重量物は固縛する
	6　重量物、危険物の取扱は保安管理者の指示に従う
	7　常に海況の変化に注意する
	8　他の航行船、浅瀬、暗礁、漁網等の障害物に注意す
	9　ウインチを使用する場合は、船長の指示に従う
	10　機械ぎ装を完全に行い安全を確保する
	11　毎日装着の点検を行う
	12　高電圧、電流の漏電防止（アースの設置）
	13　機器の事前点検整備を行う
	14　ガソリン等燃料油の取扱注意、喫煙・火気使用の禁
	15　重量物の運搬ルート、足場の確認、事故防止
	16　海上、水上作業の際は、必ずよく点検して問題のな 　　ライフジャケットを着用する

工　　　種	現地調査	基準点測量	縦断・横断	水際横断	深浅測量	潮流調査	漂砂調査	水質調査	底質調査	海底地形地質調査	
	○	○	○	○	○	○	○	○	○	●	
	○	○	○	○	○	○	○	○	○	○	
	○	○	○	○	○	○	○	○	○	○	
	○	○	○	○	○	○	○	○	○	○	
	○	○	○	○	○	○	○	○	○	○	
			○	○	○	○	○	○	○	○	
			○	○	○	○	○	○	○	○	
			○	○	○	○	○	○	○	○	
			○	○	○	○	○	○	○	○	
					○	○	○	○	○	●	
					○	○	○	○	○	○	
			○	○	○	○	○	○	○	○	
			○	○	○	○	○	○	○	○	
					○	○	○	○	○	○	
					○	○	○	○	○	○	
					○	○	○	○	○	●	
					○	○	○	○	○	○	
					○	○	○	○	○	●	
		○	○	○	○	○	○	○	○	○	
		○			○	○	○	○	○	○	

	項　　　　目	
現地では	17　作業場所の整理整頓を行う	
	18　ワイヤー、ロープ等の巻き込み事故に注意する	
	19　機械の転倒防止対策を行う	
	20　天気図の記入を行う	
	21　必要に応じて命綱を着用する	
	22　原則として暗くなる前に帰港する	
	23　出入港の際は、船長に常に協力する	

工　　種	現地調査	基準点測量	縦断・横断	水際横断	深浅測量	潮流調査	漂砂調査	水質調査	底質調査	海底地形地質調査	
…………		○	○	○	○	○	○	○	○	○	
…………			○	○	○	○	○	○	○	○	
…………		○	○	○	○						
…………			○	○	○				○		
…………		○	○	○					○		
…………				○	○	○	○	○	○	○	
…………				○	○					○	

目　　次

1. 健康管理 ……………………………………………………… 2

  1—1　疲労と休養 ……………………………………………… 2

  1—2　病気に対する注意 ……………………………………… 2

2. 外業の注意事項 ……………………………………………… 4

  2—1　一般の心得 ……………………………………………… 4

    1. 健康管理 ………………………………………………… 4

    2. 作業服装 ………………………………………………… 4

    3. 整理・整頓 ……………………………………………… 4

    4. 正しい作業行動 ………………………………………… 4

    5. 連絡と合図 ……………………………………………… 5

  2—2　現場作業者の心得 ……………………………………… 5

  2—3　現場長（現場代理人等）の心得 ……………………… 6

  2—4　服装 ……………………………………………………… 7

    1. 正しい作業服装 ………………………………………… 8

    2. 正しい作業服装の基準 ………………………………… 8

    3. 安全帽の着用 …………………………………………… 9

    4. 安全チョッキの着用 ………………………………… 11

  2—5　宿舎 …………………………………………………… 11

  2—6　健康 …………………………………………………… 12

  2—7　交通安全 ……………………………………………… 12

	1. 一般的注意事項	……… 12
	2. もしも事故がおこったら	……… 13

2—8 天候 ……………………………………………… 16

   1. 天気予報（気象情報の入手）………………… 16

   2. 雷 ……………………………………………… 17

   3. 台風 …………………………………………… 20

2—9 有害動物（毒蛇・クマ・蜂・毒虫等）………… 21

   1. ハブ …………………………………………… 21

   2. マムシ（蝮）………………………………… 26

   3. ヤマカガシ …………………………………… 28

   4. スズメバチ等 ………………………………… 29

   5. ヤマビル・ツツガムシ・ドクガ等の毒虫 … 31

   6. クマ …………………………………………… 32

   7. イノシシ ……………………………………… 34

2—10 有毒・有害植物 ……………………………… 36

   1. ウルシ等 ……………………………………… 36

   2. キノコ類 ……………………………………… 36

   3. その他の有害植物 …………………………… 37

2—11 電気災害・火災等 …………………………… 37

   1. 電気災害 ……………………………………… 37

   2. 火災 …………………………………………… 38

2—12　立入、使用に許可を必要とする地域 ………………… 39

3. 作業別安全のポイント ……………………………………… 41

　3—1　測量作業 ………………………………………………… 41

　　1. 事故発生の原因 ………………………………………… 41

　　2. 事故発生の因子となるもの …………………………… 42

　　3. 作業の中止基準（自社で設定） ……………………… 43

　　4. 作業の再開基準（自社で設定） ……………………… 43

　3—2　特定作業別、地域別安全のポイント ………………… 43

　　1. 山地・丘陵地・森林地帯 ……………………………… 43

　　2. 平地・道路上・市街地 ………………………………… 44

　　3. 鉄道・高圧線周辺 ……………………………………… 46

　　4. 坑内・下水道 …………………………………………… 48

　　5. 海上・湖沼・河川縦横断 ……………………………… 49

　　6. 夜間作業 ………………………………………………… 52

4. 事故発生時の処置 ………………………………………… 54

　4—1　事故が起きたら ………………………………………… 54

　　1. 被災者の救助と二次災害の防止 ……………………… 54

　　2. 連絡 ……………………………………………………… 55

　4—2　出張中に負傷したときは（労災保険に関連して） … 56

　　1. 労災保険の手続き ……………………………………… 57

　　2. 事故の報告 ……………………………………………… 58

5. 救急処置 ……………………………………………… 59

　5−1　応急処置のしかた ………………………………… 59

　　1.　応急手当の必要性 …………………………………… 59

　　2.　観察と患者の取り扱い ……………………………… 59

　　3.　救急用具・薬品 ……………………………………… 60

　5−2　事故者の体位 ……………………………………… 61

　　1.　概　要 ………………………………………………… 61

　　2.　意識のある人の場合 ………………………………… 62

　　3.　意識のない人の場合 ………………………………… 65

　5−3　止血法 ……………………………………………… 67

　　1.　種類 …………………………………………………… 67

　　2.　止血法 ………………………………………………… 68

　　3.　鼻血 …………………………………………………… 72

　5−4　人工呼吸 …………………………………………… 72

　　1.　呼吸が止まった ……………………………………… 72

　　2.　人工呼吸法 …………………………………………… 72

　　3.　注意事項 ……………………………………………… 73

　　4.　気道の確保について ………………………………… 73

　　5.　人工呼吸の方法 ……………………………………… 74

　5−5　AED の使用 ………………………………………… 76

　5−6　心臓マッサージ法 ………………………………… 77

1. 心臓マッサージ	………	77
2. 方法	………	77

5—7 運搬 ……… 78

1. 患者の運び方	………	78
2. 方法	………	78

5—8 症状による応急処置 ……… 81

1. 熱中症	………	81
2. ショック	………	81
3. 意識混濁	………	82
4. 脳出血	………	83
5. 脳貧血	………	84
6. 打撲傷（もんではいけない）	………	84
7. 開放性損傷（キズ）	………	85
8. 関節損傷	………	86
9. 骨折	………	87
10. ぎっくり腰・アキレス腱損傷など	………	90
11. 熱傷	………	91
12. 凍傷	………	93
13. 埋没	………	94
14. 電撃傷（感電傷）	………	94
15. おぼれた	………	95

16. ガス中毒・酸素欠乏 ……………………………… 96

17. 犬などの動物に咬まれた ……………………… 96

18. 毒虫刺傷 ……………………………………………… 97

19. かぶれ ………………………………………………… 97

20. 異物の侵入（眼） ………………………………… 98

21. 食あたり ……………………………………………… 98

現地調査
安全衛生手帳 〔索引〕

疲労と休養
病気に対する注意

第1章 健康管理

一般の心得　　　　交通安全
現場作業者の心得　天候
現場長等の心得　　有害動物（毒蛇・クマ・蜂・毒虫等）
服　装　　　　　　有毒・有害植物
宿　舎　　　　　　電気災害・火災等
健　康　　　　　　立入・使用に許可を必要とする地域

第2章 外業の注意事項

測量作業のすべて
山地・丘陵地・森林地帯
平地・道路上・市街地
鉄道・高圧線周辺
坑内・下水道
海上・湖沼・河川縦横断
夜間作業

第3章 作業別安全のポイント

事故が起きたら
出張中に負傷したときは

第4章 事故発生時の処置

応急処置のしかた　心臓マッサージ法
事故者の体位　　　運搬
止血法　　　　　　症状による応急処置
人工呼吸

第5章 救急処置

1

1. 健康管理

■1―1 疲労と休養

(1) 人が行動すれば、そこには必ず疲労が生じる。動かないというのも一つの行動で、動かないでいても疲労する。疲れると行動が鈍くなり、注意も散漫になるために仕事にもミスが生じる。

(2) 一日の疲れを翌日まで持ち越し、さらに毎日の疲れを貯め込めば健康にも影響する。そのために疲労はできるだけ早く回復させなければならない。

(3) 以前は体を激しく動かす作業が多かったために休養という言葉が出来た。現代は、体を動かすよりも頭を使うことのほうが多くなった。動的な行動より静的な行動へ、全身的な動きより局部的な動きへ、身体的な負担よりも精神的な負担へと疲労の原因も変わって来ている。

　健康の保持・増進には、余暇・休日の過ごし方が重要である。身体の健康増進のためのアウト・ドア（屋外）での活動、心の健康増進のためのイン・ドア（屋内）での趣味活動とのバランスのとれた実行が望ましい。

■1―2 病気に対する注意

(1) 病気には原因があるが、その多くは先天性のようなものを除いて、大抵は防げるものと言えよう。たとえば、カゼ類のようなものは、健康生活に注意していれば防げる病気である。

　しかし、万一医師から病気と診断された場合には、周囲に迷惑をかけない注意と努力が必要である。無理して出勤したために病気をこじらせてしまえば、余計に周囲に迷惑を掛けることになる。病気に負けない気力とともに、一方では最初の安静も

大事である。早く医師の診察をうけて、専門的な判断によりその指示に正しく従わなければならない。

(2) 健康診断は重要だが、毎日のように実施するわけにはいかない。そこで日常の異常の発見は、本人自身がやることである。起床時には、必ず自分の体調を点検することである。

1) 前日の疲れが残っていないか
2) 身体が熱っぽくないか
3) 何処か痛む所はないか
4) 起き上がって、頭重・めまいなどないか
5) 洗面時に鏡で、顔色、顔つきに普段と違ったところはないか
6) 尿に異常はないか
7) 便に異常はないか
8) 軽い体操をしてみて、からだのふしぶしに動きのおかしい所、しびれはないか
9) 食欲はどうか
10) その他の病的な自覚症状はないか

2. 外業の注意事項

■ 2—1　一般の心得

1　健康管理

　日常の体調を十分に整えておくことは、自分自身のためだけではなく、満足な仕事をするために、働く者としての責任である。

　外業においては暑さ、寒さ、雨、雪、風などのさまざまな気象条件、山地、海上などの厳しい自然に耐えて作業をすすめなければならないことが多い。また、家庭をはなれて宿舎生活を余儀なくされることも多い。このような生活は測量技術者の宿命であるかもしれないが、また、大自然のなかで生きる時間をもてることは一つの恵みとして、積極的に健康づくりに役立てていこう。

2　作業服装

　職場の服装はスタイルも重要であるが、仕事がしやすく、災害から身を守ることが第一である。首や腰に手ぬぐいをぶらさげたり、上着のボタンをはずしたままでいるなどのだらしのない服装はケガのもととなる。仕事をするときには、作業に合った服装をすれば、作業するのに楽であり、ケガをする心配も無いのである。また、作業服は常に清潔に心掛けよう。

3　整理・整頓

　「安全は整理・整頓から」と言われるほど、職場の整理・整頓は大切である。整理とは、いらないものを片付けることであり、整頓とは、品物を定められた場所に、使い易いようにきちんと正しく置くことである。

4　正しい作業行動

　まず、標準作業の実行と習熟である。仕事のやり方というものは、長い間の経験、失敗の反省、多くの検討の集積である。定め

られた作業のやり方を習熟してから改善の段階に進むべきである。

▣ 連絡と合図

　測量作業では複数の作業者（班）が野外で連携をとりながら作業するケースが多い。連絡と合図の不徹底が事故につながることも多いので、十分に注意を払わなければならない。

　少なくとも、1班に1台の携帯電話を持参する。

■ 2─2　現場作業者の心得

(1)　班長及び先任者の指示及び注意事項に従い、すすんで作業内容と方法を十分に理解した上で、正規の方法で自信のある作業を行う。

(2)　作業の安全は、日常の適切な準備を怠らず、一人ひとりが安全に対する意識を強化し、安全な正しい作業方法を確立するという心構えが大切である。

(3)　安全に対しては、職責を越えての一致協力が必要である。

(4)　作業の安全は、疑わしい場合は冷静に判断し、まず安全を最優先させる。

(5)　軌道敷地内で単独行動は絶対してはならない。

(6)　使用機器はその安全についての知識を習得してから使用しなければならない。

(7)　事故が発生したときは、その状況を判断して、人命の安全を第一とし応急処置をとる。また、報告、連絡等を速やかに行わなければならない。

(8)　作業中は、安全帽、安全靴および安全帯等の安全装備を身につける。

(9)　岩・コンクリート等に対する鋲打ち作業等により飛散する小石片に対し、メガネ等の防護具を使用すること。

(10)　服装は作業に適した服装をする。

(11) 作業中は、お互いの安全に注意し、特に未熟練者に対しては、親切に指導するよう努める。

(12) 測量杭打作業機材等の持ち運び、急斜面の登り降り等によるギックリ腰防止のため、準備運動等により身体をよくほぐしておくこと。

(13) 危険な行為、状態を発見したらすすんで注意を促すとともに、直ちに責任者に連絡する。

(14) 事故は作業終了に近づいた時に起こりやすいので特に注意する。休憩は安全な場所でとる。

(15) 連絡、合図を徹底し確実、明瞭な方法で行う。

(16) 作業地への出発時、帰着時には上司および宿舎に挨拶する。帰着が遅れる時には必ず宿舎に連絡する。

(17) 宿舎では、非常口や避難通路を確認する。

(18) 宿舎が決まったら、「宿泊先」「電話番号」「宿泊者名」「行動予定」等の必要事項を所属長に連絡する。

(19) 第三者（通行人等）への安全の配慮と確認をする。

(20) 救急処置は最初の手当が大切である。身近のところに救急薬品と用具の用意をし、応急処置ができるようにしておく。

■ 2－3　現場長（現場代理人等）の心得

(1) 作業実施に当たっては、あらかじめ現場の地形、交通事情及び気象等の事前調査を行い現場の状況をよく認識する。

(2) 作業員に、作業の内容、手順、使用機器の取扱を十分に納得させ、危険のある箇所や危険な作業の指導を行う。

(3) 現場代理人は、作業員の技量、経験、体力、気質等を勘案して、無理のない適切な作業計画と配置を行う。

(4) 経験の少ない作業員には災害の起こり易い危険な作業及び場所等の状況を指導する。なお不安の残る場合は随伴指導または

配置を変更する。

(5) 常に作業の進捗状況を把握し、危険な行為、状態、環境等を認めたときは、直ちに注意をして、必要な指示を行う。

(6) 作業中、不在となるときは、作業の安全上必要と認められる事項について、作業員に指示し、または注意を与えておくこと。または、作業中の上位者を責任者に定めておく。

(7) 現場長・現場代理人等は作業全体を把握出来る作業を担当する。場合によっては、作業を担当せず、指揮にのみ従事する。

(8) 上司（課長、次長、部長）及び総務担当者連絡先（自宅の電話番号を含む）作業員の自宅、作業地の最寄りの病院、消防署、計画機関等の電話番号を記載した緊急時の連絡先一覧表を作成し、常時携行する。

(9) 現地到着後、直ちに宿泊先住所、電話番号、滞在期間、行動予定等を所属部課に連絡する。変更した場合も同様とする。

(10) ラジオ、テレビ、インターネット等の天気予報を視聴し、これにより、当日、翌日の作業の計画を立てる。

■2—4　服　装

チェックシート

1. 作業服は身体と行動に合っているか
2. 袖やズボンの裾は締められるか
3. だらしない服装はしていないか
4. 作業服にほころび、裂け目、ボタン取れはないか
5. 作業服は清潔にしてあるか
6. どんなに暑くても裸で作業してはならない
7. 安全帽、安全靴を着用する
8. 交通量の多い場所での作業には安全チョッキを着用する

❶ 正しい作業服装

　我々の衣服は、もともと暑さ寒さの変化にたいして体温を加減し、健康を守るためのものであったが、次第にスタイルに注意が払われるようになった。しかし、職場の作業服装は、スタイルなどよりも、仕事がしやすく、災害から身を守るものであることを第一に考える必要がある。格好のいいスタイルは、職場では安全な服装であるとはかぎらない。服装は自分自身の問題であり、自分でできることであるから、いつも正しい服装をするように心掛けよう。

❷ 正しい作業服装の基準

1) 作業服は、体に合ったものを着る。上着の丈の長すぎるもの、胴回りの大きすぎるものは避ける。

2) 上着の袖やズボンの裾が長いと、ものに引っ掛かったりして危険であるから、袖口やズボンの裾はきっちりとしめておく。

図2−1　正しい作業服装

3) 上着のボタンをはずしたりしたままでいるなどのだらしない
   服装はしない。

4) 作業服のほころびや裂け目は、引っ掛かったりするから、す
   ぐにつくろっておく。

5) 作業服は、洗濯して常に清潔にしておく。特に油の染みた作
   業服は火がつき易く、危険である。

6) 人間の皮膚は思ったより丈夫ではありません。どんなに暑い
   時、暑い場所でも、裸で作業をすることは絶対にしてはならな
   い。

7) 熱中症予防のため、帽子の着用を励行する。

8) 腰手拭や首手拭は便利であるが、あまりセンスの良い服装と
   は言えないと同時に思わぬ巻き込み事故が起こることがある。
   常時携帯する手拭はコンパクトなものを選び、ポケットにいれ
   る。

❸ 安全帽の着用

1) 安全帽の種類と選定

　安全帽を大別すると、飛来、落下物による危険を防止するもの、
これに感電防止のための絶縁性を付加したもの、墜落による危険
を防止するもの等があり、作業内容により選定すべきである。安
全帽は一定以上の対衝撃性能、対貫通性能等を有する規格品でな
ければならないことになっている。

　また、安全帽には厚生労働大臣の定めた規格があり、メーカー
段階で厚生労働大臣または型式検定代行機関が行う型式検定に合
格したものでなければ、譲渡し、貸与しまたは使用してはならな
いことになっているので確認して間違いの無い製品を選定する。

2)安全帽の正しいかぶり方

　安全帽の効果を的確にするためには、ヘッドバンドを頭部に正しく調整し、あごひもは締めつけるなど正しい着用方法によらなければ効果がない。また、一度でも大きな衝撃を受けたものは強度が不足しているので使用しないようにする。

　安全帽は各自専用のものを用意し、社名、氏名、電話番号、血液型を記入しておくこと。

3)安全帽を着用する作業場所

　下記の作業では必ず安全帽を着用すること。

① 　車道及び鉄道敷地内での作業

② 　工事現場内の立ち入り作業

③ 　台風及び災害時の出動作業

④ 　河川及びビル街等上部に構造物のある場所

⑤ 　トンネル・マンホール内での作業

⑥ 　立木の伐採時及び急傾斜地での作業

⑦ 　その他必要と考えられる場所

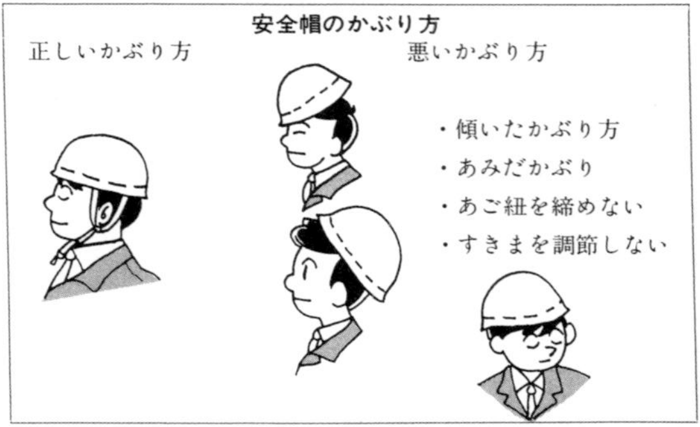

安全帽のかぶり方

正しいかぶり方　　　　　悪いかぶり方

・傾いたかぶり方

・あみだかぶり

・あご紐を締めない

・すきまを調節しない

図2－2　安全帽のかぶり方

❹ 安全チョッキの着用

　近年交通量の増加にともない、路上作業では通称「トラチョッキ」と呼ばれる安全チョッキの着用が義務付けられる作業が増える傾向にあります。交通量の増大にともない路上作業においては着用を励行すること。特に、測手（ポールマン、スタッフマン）を担当する作業員には通行車両にその所在を明確に認識しやすいものを使用する。

次の作業では、安全チョッキを着用すること。

① 交通量の多い道路作業

② 測量船上の作業

③ 鉄道用地内の作業

④ 夜間作業（反射式安全チョッキ）

⑤ トンネル内の作業（反射式安全チョッキ）

⑥ その他発注者の指定する作業

■2—5　宿　舎

チェックシート

1．宿舎は大切な共同生活の場所でもある。規律を守ってお互いに気持ちのよい生活ができるようにしよう

2．大声を出したり、けんかをしたりしてまわりの者に迷惑をかけないこと

3．建物や設備は大切に取り扱うこと

4．避難段階や消化器の設置場所を確認しておくこと

5．布団はきちんとたたみ、身の回り品はきちんと片付け、清潔、整頓を心がけよう

6．外出時には必ず行き先を知らせていくこと

7．寝タバコや暖房器具の取扱いに十分注意しよう（火災防止）

■2−6 健　康

チェックシート
1. 常に健康に注意する（健康診断は毎年必ず受診する）
2. 十分に睡眠をとる
3. 気分の悪い時はすぐ責任者に申し出て適切な処置をとる
4. 飲みすぎ、食べすぎをしないこと
5. 日ざしの強い日は熱中症になりやすい。帽子等により頭部を保護し、水分をこまめに補給する

■2−7　交通安全

チェックシート
1. 必要書類は整っているか（免許証、車検証、自賠責保険証）
2. 心身ともに体調は十分か
3. 運行前点検は行ったか

◼ 一般的注意事項

1)運転免許などを確かめる

自動車を運転する前には、必ず次のことを確かめる。

① 運転しようとする自動車に応じた運転免許証を持っていること
② 有効な自動車検査証と自動車損害賠償責任保険証明書または責任共済証明書を自動車に備えていること

図2−3　初心者マーク

③ 運転免許証に記載されている条件（眼鏡等使用など）を守っていること

④ 初心運転者（普通免許を受けて1年を経過していない者をいいます）は、その車の前とうしろの定められた位置に初心者マーク（図2－3）をつけていること

2）運転計画をたてる

長距離運転のときはもちろん、短区間を運転するときにも自分の運転技能と車の性能に合った運転計画を立てることが必要です。あらかじめ、運転コース、所要時間、休息場所、駐車場所などについて計画を立てておく。長時間にわたって運転するときは、2時間に1回は休息をとるようにする。また、眠気を感じたらすみやかに休息をとって眠気を覚ましてから運転する。

3）体調を整える

疲れている時、病気の時、心配ごとのある時などは、注意力が散漫になったり、判断力が衰えたりするため、思いがけない事故を引き起こすことがある。このような時は、運転をひかえるか、身体の調子を整えてから運転するようにする。睡眠作用のある薬などを服用したとき、酒気を帯びているときや過労のときは、絶対運転してはならない。

② もしも事故がおこったら……

事故現場では、運転者の義務としてつぎの処置をとる。

（警察庁交通局監修　交通の教則　第19改訂版より）

交通事故が起きた時は、運転者や乗務員は次のような措置をとらなければなりません。

事故の続発を防ぐため、他の交通の妨げにならないような安全な場所（路肩、あき地など）に車を移動させ、エンジンを切る。

　負傷者がいる場合は、医師、救急車などが到着するまでの間、ガーゼや清潔なハンカチで止血するなど、可能な応急手当を行う。この場合、むやみに負傷者を動かさない（とくに頭部に傷を受けているときは動かさない）ようにする。ただし、後続事故のおそれのある場合は、早く負傷者を救出して安全な場所に移動させる。

　事故が発生した場所、負傷者数や負傷の程度、物の損壊の程度などを警察官に報告し、指示を受ける。

1)被害者の救護と安全の確保

　事故現場ではまず……

① 　負傷者を救護する

　　負傷者がいる場合は、医師、救急車などが到着するまでの間、ガーゼや清潔なハンカチで止血するなど、可能な応急手当てを行う。この場合、むやみに負傷者を動かさない（とくに頭部に傷を受けているときは動かさない）ようにする。ただし、後続事故のおそれのある場合は、早く負傷者を救出して安全な場所に移動させる。

② 　路上の危険を防止する

　　車を道路の左側へ止めるとともに、他の車の進行を妨害しないよう、非常点滅燈や赤旗や警告反射板などで駐車していることがわかるようにするなど早めに措置をとる。

2) 警察への事故報告

警察にはまず電話で報告を行い、事故の検証を求め、次のことを報告しなければならない。

① 事故を起こした場所と日時　② 死傷者とけがの程度
③ こわしたものとその程度　　④ 現場でとった処置

警察官の取り調べを受ける際は、次のことに注意する。

① あいまいな事実を言わないこと
② 知っている事実は、もれなく具体的に説明すること
③ 決して面倒がらずに、自分の信ずるところを主張し、正確な調書を作ってもらうこと

3) 会社への連絡

事故を起こしたら、できるだけすみやかに、次のことを会社に電話連絡する。次いで、会社で定められている事故報告用紙等を使用して報告をする。できればメール・ファクシミリを使用する。

① 運転者の氏名　　　　　② 事故車の登録番号
③ 事故の日時・場所　　　④ 事故の状況
⑤ 損害の程度　　　　　　⑥ 被害者の住所・氏名
⑦ 目撃者の住所・氏名

4) 保険会社の事故通知

事故を起こしたら、出来るだけ早く、次のことを保険会社に電話連絡する。

① 契約者名・運転者名　　② 証券番号
③ 事故車の登録番号　　　④ 事故の日時・場所
⑤ 事故の状況　　　　　　⑥ 損害の程度
⑦ 被害者の住所・氏名　　⑧ 目撃者の住所・氏名
※ 被害者からすでに損害賠償の請求を受けたときは、その内容についても連絡する。

※　けが人が出たときには、遅くても 60 日間以内に通知しない
　　と保険金が支払われないこともあるので注意が必要です。

5)注意事項

保険会社への相談

次の場合は必ず事前に保険会社へ相談する。

① 　事故にあった自動車を修理する場合

② 　被害者と示談する場合

被害者に誠意をつくす

① 　被害者に対し、病院へのお見舞はもとより、おわび・葬儀
　　参列をするなど、誠意をつくす

② 　被害者と話し合いをする時は、被害者の主張に対して誠意
　　をもって対応する

■ 2—8　天　候

■ 天気予報 （気象情報の入手）

チェックシート

現場代理人は、朝、夕の天気予報を確認し、当日または翌日
の作業計画をチェックすること

台風等の情報を早期に入手するためには NHK 第 2 放送の午後
4 時から気象通報が放送されるので、聴取する。あるいはインター
ネット等を利用する。

ラジオ、テレビ等の天気予報においては、気象庁の発表する気
象注意報・気象警報の発令に注意する。

気象庁が発表する情報のほかに、国土交通省では所轄の河川事
務所で水位、時間雨量などの洪水情報がテレフォンサービスで発
表されている。必要により調査をし作業計画に役だてる。

2 雷

```
            チェックシート
1. 危険な場所に近づかない（むき出しの山稜、独立した岩
   の近く、独立樹の下、洞穴の入口）
2. 身体をぬらさない
3. 金属類は体からはずす
4. 低い姿勢をとる
5. 密集して歩かない
```

1)危険な場合

① 雲が接近して大粒の雨、ヒョウ、アラレ、ゲリラ豪雨が伴うときは雷雲がすぐ頭上にあり落雷直前を意味するものである

② 水蒸気を含んだ空気は落雷を形成しやすい

③ 稜線において下向雲（図2—4）が消えない

④ 髪の毛が逆立ち、金属はジリジリ放電を始める（尖頭放電）

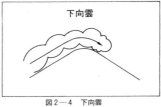

図2—4　下向雲

⑤ ラジオに雑音が頻繁に入る（10km以内）。ラジオは短波または中波のいずれも入る。雑音は、80～100km程度でも入る

⑥ 雷鳴が聞こえれば15km以内である（雷雲の移動速度は時速50kmと考えてよい）

⑦ 温暖前線と寒冷前線の附近で発生しやすく季節や時刻に関係なく起こる（界雷という）

2）危険な場所

① むきだしの山稜（雷を発生させる垂直上昇気流と雷雲の形成を促進する）

② とがった山頂附近、孤立した岩の近く（高い所は雷撃が起こりやすい）

③ 保護物のない平坦地、独立樹の下

④ 洞穴入口附近、洞穴の奥の割れ目がある場合の奥、頭上3m以下の洞穴

3）対　策

① 天気予報に気をつける。特に雷雨予報、寒冷温暖前線の動きに注意

② 金属物のない雨具（ポンチョ等）を携行する。身体を努めてぬらさない

③ 金属製の背負子（しょいこ）は雷雲が接近したら注意する

④ 姿勢は低く（かがんだ姿勢）絶縁物（ゴム・ナイロン・綿の乾いたもの）のはきものまたは敷物を用いて人体に流れる電流を少なくする（地面との電位差を小さくする）岩屑の上に居るのも効果がある

⑤ 雷雲の進行方向とは逆の方向の山陰や稜線より低い森林帯に避難する（木から離れる）

⑥ 高い独立樹・崖（人間の身体の5〜10倍以上）等は避雷針の役割をするので、その樹高・崖高を半径とする以内で樹・崖から2m以上離れた所は比較的安全である

⑦ 岩山では上半身を岩に近づけない（沿面電流をさける）

⑧ 危険が大きい場合には先を急がず安全地帯を見つけて雷雲の通過を待つこと

⑨ 密集して歩かないこと

⑩ 宿舎では、軒下、窓ぎわ、壁、柱から離れていること

4) 事故にあった場合の処置

　一般に感電の場合、電気ショックのため呼吸停止から電流が多くなると心動停止を伴うものである。雷撃の場合、即死をまぬがれても感電と同様に呼吸停止、心動停止になることが多い。

5) 救急法

① 　呼吸、脈拍をみる、火傷の程度、けいれんの有無をみる

② 　呼吸停止の場合は、寸刻を争って人工呼吸を行う

③ 　脈拍停止の場合は、心臓マッサージを行う（80 〜 100 回/1分の胸骨下部圧迫）

④ 　脈拍、呼吸共に停止の場合は、心臓マッサージおよび人工呼吸（心肺蘇生法）を行う

　　　　※ 　平らな板の上で
　　　　　　・心臓圧迫数 80 〜 100 回／1 分の速さで 15 回、人工呼吸（口対口―マウス・ツー・マウス―人工呼吸）2 回の割合
　　　　　　・救助者が 2 名以上いる場合は手分けしてやる

⑤ 　保　温

⑥ 　運　搬（救急車の手配）

❸ 台　風

チェックシート

1. 規模や進路など最新の気象情報を確認したか
2. 幕営中の安全に問題はないか
3. （洪水流量）調査出動の場合、準備と安全の点検は十分か

　ラジオ・テレビ・インターネットの気象情報は常に最新情報を入手し、その規模・進行速度・進行方向などの情報をもとに作業地の安全を検討する。

　台風の接近が予想される場合は、それぞれ次の処置をとること。また進路の右側に位置する場合は、強風となるため安全に対する特別の検討をすること。

1) 一般の測量作業では、外業を中止して状況を判断すること。

2) 幕営中の場合は、テントの補強、幕営箇所の変更、避難場所の確保を検討し、状況によってはテントや器材の飛散損傷がないよう防護処置を講じ一時退避すること。

3) 幕営地での避難・歩行・自動車の運行などは飛来物や倒木などに十分注意をして行動すること。

4) 洪水流量調査などに出動する場合は、次の点に注意する。

①　安全帽、救命胴衣を着用すること

②　調査現場の地盤強度を確認すること

③　附近堤防に漏水がないか確認すること

④　堤防斜面の歩行には十分に注意すること

⑤　非常時の避難場所を確保すること

⑥　機械観測時は、流木などの衝突に注意すること

⑦　信号や合図の基本を徹底して作業にあたること

⑧　テントの設置は強風が治まるまで待つこと。また立木や電柱の附近には設営しないこと

⑨　器材物品の飛失や流失がないよう安全に管理すること

⑩　近隣の住民に迷惑を掛けないよう規則正しく行動すること

⑪　見物人に対しては観測地内の立入を禁止し、第三者への安全配慮を怠らぬこと

⑫　パトロールの警察官・消防署員・水防対策巡回員とは連絡を密にし、情報の提供と収集を行い常に安全作業の再確認をすること

■2−9　有害動物（毒蛇・クマ・蜂・毒虫等）

　山野での作業では毒ヘビ、ウルシ、毒虫、蜂等に注意し長袖上着、ズボン、靴、手袋等、これらに対応できる服装が必要である。また、北海道においてはヒグマに注意が必要である。本州のツキノワグマでも危険な場合がある。

■　ハ　ブ

チェックシート

1．ハブ生息地の事前確認をすること
2．防具、救急七つ道具の準備をすること
3．抗毒素のある近くの病院を確認しておくこと
4．地元民から情報を聞くこと

　琉球諸島のあちこちでハブに咬まれる人々がある。このハブに咬まれると大事な生命を失ったり、または手や足に重大な後遺症を残す結果となる。ハブの生息する奄美大島、徳之島、石垣島、西表島、その他多くの島へ出かける場合には、もっと認識を新たにしハブに咬まれたときのことを考え、準備を整えて現地に行くこと。

〔ハブ生息地一覧表〕

（ヒメハブというのがいるがほとんど影響ないので除く）

トカラハブ	ハブ			サキシマハブ	
小宝島	奄美大島	屋我地島	奥端島	石垣島	平安座島
宝島	加計呂麻島	沖縄島	渡嘉敷島	西表島	浜比嘉島
	請島	伊江島	儀志布島	小浜島	
	与路島	水納島	黒島	竹富島	
	徳之島	瀬底島	伊計島	黒島	
	伊平名島	渡名喜島	宮城島	新城島	
	古宇利島	久米島		嘉弥真島	

（1993 年調べ）

1）ハブに咬まれる時間帯

ハブは夜行性であり、昼間は奥深い物陰に身をひそめて過ごし、日没から夜間にかけて次第に活動的になる。ハブに咬まれる最も多い時間帯は、午前 8 時から 11 時の間および午後 1 時から夕方にかけてである。

ハブに咬まれる最も多い時期は、4 月～ 11 月の間である。

ハブに咬まれた時の処置

【ハブの咬み傷の特徴】

1）血のにじむ二つの点のような傷

（一つまたは三つ、四つの場合もある）

2）直後から痛み、やがて激痛となる

3）傷口が赤黒くなり、次第に腫れる

2）ハブに咬まれた時の四原則

① 人を呼ぶ——咬まれたらためらうことなく、大声で人を呼ぶことである。ただし、絶対に自分で駆け回ってはならない。身体を安静にして近くの人に来てもらうことである

② しばる ——声をあげて近くの人を呼ぶと同時に、自分で咬
まれた部分より心臓に近いところをヒモでしば
る

手の指を咬まれたら指の根元。足のすねなら
膝の下か大腿。ネクタイがズボンのベルトなど
手ごろなものを利用する

③ 切 る ——ハブの毒牙のあとが二つ、ときには一つ、また
は三つ四つついて、血がにじんで必ず痛みがあ
ることを確認する。その傷口に鋭利な刃物を1
〜1.5cm突き刺して傷口を少しひろげ出血を促
す

④ 吸 う ——流れ出る血と一緒にハブ毒を体外に吸い出すこ
と。手の指なら自分の口で強く吸って吐き出し、
吸っては吐き出してできるだけ早く、注入され
たハブ毒を吸い出す。最低10回は繰り返すこ
と

3)ハブ救急七つ道具

① 懐中電灯（釣り下げ式がよい）

② ハサミ（シャツやズボンを切り開く）

③ ヒモ（小→指、中→手、大→足）

④ 皮膚消毒液（ヨードチンキ、アルコール等）

⑤ 切開用小型メス（先の尖った刃物）

⑥ 吸引器具（ゴム製品）

⑦ タンニン酸液（注射器付き）

1. 懐中電灯

昼ならともかく、夜間にハブに咬まれて、灯りがないところ
で応急処置をしなければならない場合に、なくてはならない道
具である。普段から用意しておく必要がある。

2. ハサミ

ハブに咬まれたら、まず第一に傷口を確かめることが大切である。そのためには、いろいろな応急処置をやり易くするためにも、シャツの袖やズボンの裾を大きく切り開いて、手や足をすっかり出してしまった方がいい場合に必要である。

3. ヒ モ

指を咬まれた場合、その指の根元をしばるが、糸のように細いと皮膚が傷むから、ハンカチを半分に裂いたぐらいの柔らかいヒモがよい。また、余り強くしばると紫色になって、かえって傷がひどくなるから "八分目" 程度にしばって 10 分後にゆるめて血を通わせ、また、しばりなおす。

手の甲、手首、前腕を咬まれたら、傷口から約 20cm のところと肘の上の 2 箇所をしばるが、それには柔道帯、着物の帯など柔らかくて太目のものが使われる。二つのヒモを交互にゆるめて血を通わせることを忘れてはならない。

足の指、足の甲、下腿を咬まれた時も、手の場合と同じ要領でしばる。

4. 皮膚消毒液

咬まれた傷口を清潔にするために、ヨードチンキやオキシドール等を使うが、傷口を切開するためのメスもついでに消毒するとよい。

5. 切開用小型メス

ハブの毒牙の長さは 1.0 ～ 1.5cm もあって、最悪の場合は皮膚表面から 1.5cm のところに 100mg ぐらいの毒液が注入されることがある。この毒液を 1 滴でも多く皮膚の外へ吸い出してしまいたい。

咬まれた直後に、本人が口を当てて血と一緒に吸い出すことを繰り返せばかなりの分量の毒液が除かれるはずである。勇気

と衛生知識の要素のある人がさらに尖鋭な刃物を傷口にさして（1.0〜1.5cmの深さ）、軽く前後左右に開くようにして傷口をひろげ、血がにじみでるのを助けるようにすれば、毒液は早めに排出される。

両刃の安全カミソリを斜めに折って作った小さなメスを用意して、サイフの中に忍ばせておくと、いざハブ咬症という時に役に立つ。勿論、消毒を忘れてはならない。

太い動脈・静脈や神経がどの辺を通っているのか、知識のない人が刃物を使うことは別の危険が伴うから、自信のない人は、この切開の項を省略して次に移ってもよい。

第2章 ●外業の注意事項

6. 吸引器具

ハブに咬まれたときの傷口から、<u>一刻も早く1滴でも多くの毒液を吸い出す</u>ことがハブ咬症応急処置のポイントである。

自分の身体の場合は勿論のこと、他人の身体でも、足の裏でも、お尻でも、勇気と博愛精神を発揮して、口で強く吸ってあげなければならない。しかし、自分一人の場合、例えば肘の下やくるぶしの近くを咬まれたら、もはや自分の口で吸い出すわけにはいかない。そういう場合のためにゴム製の吸引器具が米国で発売されており、沖縄県でも市販されている。

7. タンニン酸

ハブ毒は蛋白質でできていて、酸に会うと凝固してしまう。作用を失うことは前にも述べたとおりであるが、その酸の中でも特にタンニン酸は適当な濃度に調整すれば、人体組織に入っても無害であり、ハブ毒も消してしまう。注入器を添えたセットも市販されている。

4)治療と予防

ハブ咬傷に対して現在用いられている主な治療法は血清療法で、すぐれた効果をあげているが、咬傷部位や注入される毒量、治療

までの時間等によって今なお死亡例や後遺症を完全になくすまでには至っていない。しかし、咬まれた人が免疫を持っていれば咬傷局所の炎症をある程度おさえ得るはずであり、これらの問題を解決するためにハブトキソイドによる予防接種法が研究されてきている。

5)咬まれたらすぐ近くの病院、診療所へ

ハブ抗毒素支給規定により、県立の病院、診療所には抗毒素を常備するよう定められている。

なお、各医療施設の保存量にも変動があるので、危険な場所での作業の際にはあらかじめ最寄りの病院、診療所に連絡して抗毒素の所在を確認しておく。

（詳しくは、沖縄県保健医療部衛生薬務課のホームページやTEL098-866-2055　沖縄県衛生環境研究所　TEL098-987-8211に問い合わせる）

2 マムシ（蝮）

チェックシート
1. マムシの識別ができること
2. 応急処置の方法を熟知すること
3. 直ちに病院に運び治療を受けさせること

図2-5　マムシ

1) 生息場所

　マムシは日本内地に見られる唯一の毒蛇であり、平地にも高山地帯にも棲んでいる。生息場所は幅広く、比較的乾燥した耕地や河原のような所にも、湿度の高い竹藪や森林の中などに見られる。

2) マムシの特徴

①　頭部はほぼ三角形で比較的大きい

②　体形は円筒状で短く体長は 70cm 以下

③　体色は変異が多く、普通は背面が灰褐色から暗褐色をしており、胴の左右に並ぶ黒褐色の銭形斑文が特徴といえる。腹面は黒く黄褐色、赤褐色の不規則斑文がある

④　性質は比較的おとなしく動作ものろいが驚かせると攻撃的になる。攻撃姿勢からは 1m 以上飛ぶことができる

⑤　行動は夜行性と言われているが、被害は昼夜の別なく発生している

⑥　季節的には 3 月下旬～11 月上旬が活動期であり、特に 7 月～9 月は最盛期である

3) 予防法

　蛇は本来臆病であり、人間に対して追いかけてきたり積極的に攻撃を加えてくることはない。マムシに咬まれる一番多い事例は捕獲しようとしたり、興味本位にからかうなど人間の身勝手から発生するケースが目立つ。その結果二度も三度も咬まれてしまい重症になってしまう例が多いようである。

①　予防条件の第一は、興味本位の行動を戒めること

②　山野を歩く時は棒で叩きながら行動し、まずマムシを逃すこと

③　数人が縦列で歩く場合は、二人目三人目は特に注意すること

4)症状

マムシの毒は出血毒といって細かい血管などに出血を起こさせる。咬まれて、20〜30分後には局所が腫れる。ときには脈が早く、おう吐、血圧が下がり、意識障害などが見られる事がある。一般には、ハブに比べて症状は軽く、死亡率も少ないが、適切な処置をしないと生命が危険になることがある。

5)処置

① 咬まれたら、すぐに傷口を強く吸って毒を吸い出し、吸った毒は吐き出す

② 咬まれた所から心臓に近い所をベルト、またはヒモで静脈血が還流しないために軽く縛る

③ 咬まれた人を静かに寝かせる。傷口を氷嚢などで冷やす

④ 足を咬まれた場合は絶対に歩かせないようにして病院に連れて行く。担架で運搬するときは傷口はなるべく下げておく

⑤ 速やかに医師の治療を受ける。治療の第一は血清の静脈注射であるが、血清には特異性があるため咬んだ蛇を持参することが望ましい

３ ヤマカガシ

日本では最も普通に見られる蛇で最近までは無毒とされていた。しかし近年この蛇に咬まれた重症例が報告されるようになり毒蛇として注目されている。

ヤマカガシに深く咬まれると傷口から毒液がしみこみ、数時間の潜伏期を経て症状が現れる。当初腫れや痛みは強くなく咬まれたことを忘れてしまう程度である。しかし数時間の潜伏期を得た後、突然傷口からの出血、全身性の皮下出血、歯ぐきや粘膜の出血を起こす。直接的な死亡例はないが放置できない後遺症があり、速やかな医師の診断と治療が必要である。またヤマカガシ咬症では、切開創からの出血をまねくおそれがあるため切開は避けるべ

きである。なお咬まれた直後の緊縛は効果的である。

４ スズメバチ等

1）生態

スズメバチ類には沢山の種類がある。危険で代表的なのがオオスズメバチで体長は３〜4cm ある。体色は胸部が黒褐色、腹部は黄褐色で黒い横縞があり、冬越しをした女王蜂は独立で巣を作り、産卵する。幼虫がかえると餌を運んで世話をする。幼虫はすべて雌の働き蜂で、直ぐに働き始めて、巣はどんどん大きくなり女王蜂は産卵に専念する。巣は軒下や樹洞等に作られる。秋には巣は最大になる（直径 60cm 位）。数百匹の働き蜂が新女王蜂と雄蜂とを育てるが、他のスズメバチが幼虫をねらって襲ってくるので、興奮状態となっている。だから、秋には人が巣に触れなくても、附近を通っただけでも攻撃してくる。野外作業では驚異的な存在である。

2）毒性と症状

ハチ毒は、アミン、アミノ酸、ペプチド、酵素を含む蛋白質で、これらの高分子はいずれも抗原性を有している。だから、初めて刺されたときは少ししか腫れないが、二度三度と続くとパンパンに腫れ、中にはアナフィラキシーショックで死ぬ人もいる。スズメバチとアシナガバチの毒液はセロトニン、ヒスタミンがアミンの主成分なので、刺されると非常に痛い。

3）処置

速やかに医師の診療を受ける。特に多くのハチに刺された時は、一刻も早く医師の診療を受ける。

① 針が残っていないか調べる

② 刺されたところを圧迫し、出血させて毒を出す

③ 刺された所を流水でよく洗う

④ 冷水か、氷などで冷やす（濡れタオルをあてる）

⑤　抗ヒスタミン軟膏が有効な場合がある

4)蜂毒アレルギー

　蜂毒の中には、アレルギー反応を起こす成分（アレルゲン）やヒスタミンが含まれているため、場合によっては、重症のアナフィラキシーショックに至る。蜂毒アレルギーがある約10％～20％の人が、蜂に刺されると、全身のじんましんなどの皮膚症状・嘔吐・浮腫・呼吸困難などが起きるアナフィラキシーを起こす。そのうち、数％は、意識障害や急な血圧低下によるアナフィラキシーショックに至る。反応時間が早いのが蜂毒の特性で、蜂に刺されてから約15分以内に症状が出る。さらに、アナフィラキシー症状が出てから心停止までの時間は、15分という報告があり、速やかな治療が必要である。現場が医療機関から離れた山間部などの場合、蜂に刺されたときの対処に備えておく必要がある。アナフィラキシー補助治療剤（エピペンなど）を自己注射することが、唯一の対処療法であるため、専門医から処方をうけて、自己注射剤を携帯する。

5)予防法

①　蜂は主として顔面をめがけて襲ってくる。その気配を感じた時は手で払ったりしないで、背をかがめてかわすようにする。あとは上着などを被り急ぎ退避するのが最善である

②　作業の必要上、どうしても巣の近くを測量しなければならない場合は、巣を除去する。最近では消防署員が除去作業にあたってくれるようになった。地方でも蜂取りの専門家が沢山いるので委託するのが一番安全である。やむを得ず自分で除去しなければならない場合は次の方法に従う

1.　全ての蜂が活動を停止し、巣に集まった夜間に行うのが効果的である。昼間に除去作業を行うと一網打尽にはできないため巣の周辺で数日間は活動する

2. 服装は雨合羽・長靴・ゴム手袋を着用し襟元、袖口、裾口などを縛り隙間から蜂が入り込まないよう防護する。頭はヘルメットを被りその上に透明なビニールか専用の網を被り完全に肌の露出を防ぐこと

3. 市販の殺虫剤を噴射し蜂の動きがないことを確かめ、巣を取り出す。巣は20kg近くのものもあるので注意して下ろすことである。切り落としたり、放り投げたりすると巣が壊れ蜂が飛び出すので、巣は丁寧に扱うようにする

4. 地中にある場合は殺虫剤の外に煙が効果的である。花火や発煙筒を巣の出入口に差し込み噴煙し、活動がないことを確かめて掘り出す。この時も巣を壊さないよう注意する

5. ハシゴや火を使うことが多く、また夜間作業になるため安全には十分な配慮をして実行する。また単独作業は慎む

5 ヤマビル・ツツガムシ・ドクガ等の毒虫

　日本における毒虫は種類、個体数も多くその分布も広範にわたっている。有毒をもって人に障害を与えるもので、その方法、毒の性質、強弱など種類によってさまざまであり、被害を受けた人でも年齢、体質、感受性などによってその症状も著しく異なってきます。

　これら毒虫の被害を防ぐには、毒虫がいつごろ、どんな所にいて、どんな被害を加えるかを知ることが必要です。事前に適切な知識をもつとともに、現地におもむいたときに、地元の詳しい人に現状を聞くことが大切である。

　虫よけスプレー、山ビルファイター（忌避剤）を用意する。

①針で刺すもの、ハチ・ハチアリ・サソリ等

②毒針毛をもっているもの、チョウの幼虫・ガの幼虫等

③牙で咬むもの、ムカデ・クモ・アブの幼虫等

④吸血するもの、カ・アブ・ブユ・ダニ・ヤマビル等

⑤体液を分泌するもの、カミキリモドキ・マメハンミョウ・アオ
　バアリガタハネカクシなどが知られています。

⑥マダニ、サシバエなどもいる。

6　クマ

チェックシート

1．クマが生息する地域での作業は、地元の情報を集めて立
　ち入ること
2．クマと遭遇しないための準備と行動を実行すること

　クマに対する安全対策は、まず出逢わない工夫をすることにつ
きる。猟師の同行がない限り襲われた時の身の安全は皆無に等し
くほぼ致命的と言える。なおクマについての詳細を知る必要があ
る場合は、「環境省自然環境局」が監修した「クマ類出没対応マニュ
アル」という資料がある。

1)クマについての知識

　日本に住むクマの種類は、ツキノワグマ（南方系本州生息）と
ヒグマ（シベリア系北海道生息）である。食べ物は肉、植物どち
らでも食べる雑食性で、冬眠前の9月以降は住居地域にまで食べ
物を求めて行動する。ふきのとうや根、ゆりの根、竹の子などを
好んで食べるためその植生附近では注意が必要である。また頭脳
の働きも優れており、毒殺など人間が施すトリックには仲々応じ
ない強い警戒心を持っている。行動は決して俊敏とは言えないも
のの、走る速度は25km／時と自転車より速く、木登り、泳ぎ
を得意とするほか、特に腕のパンチ力は一撃で牛を倒す破壊力が
ある。いずれにせよ襲われた場合の対策は無いと考え、出逢わな
い事前の準備に万全を期すしか方法はない。

2)クマに遭遇しない対策

①　クマも人間を恐れるので、遠くから人間の存在を知らせるこ

とにより危険は回避できるが、次の方法が有効である

1. 大声で話しながら作業または歩行する
2. 音の出る物（笛、鈴など）で、常時音を立てて歩く。
3. 携帯ラジオのボリュームを上げ常時携帯する

② 幕営をする場合、食べ物の臭いで留守中のテントが襲われることがある。残飯の後始末は慎重に行い、常時ラジオをつけて置くようにする。また必ずしも火を恐れるとは限らないので、たき火を過信しないことである

③ クマの糞を発見した場合、その状態から直前のものがどうかと判断し、安全を検討する参考にする

3) クマと遭遇した場合

① あわてて逃げても危険が増すばかりである。まず静止して目をみつめ、しばらくして目をそらすとクマが逃げることもある。覚悟を決め泰然とクマに対峙するしか方法はないと思わなければならない

② 距離がある場合は、自動点火の発煙筒をたく方法もあるが、クマを驚かし逆効果になるおそれもあり、決め手になるとは限らない。その外にも色々な俗説がある。しかし非常時に人間ができ得ることには限界がある。実行できない知識で現場に臨むより、できる準備と努力を怠らぬことが最善の方策である

＊環境省のツキノワグマ注意喚起サイト：

　クマ類の出没対応のために（環境省自然保護局—クマが山から下りてくる）http://www.env.go.jp/nature/yasei/kuma_manual/
　環境省の次のサイトからクマの生息状況と出没に関する資料、情報を入手できます。
1. ツキノワグマの大量出没に関する調査報告書

（内容：平成 16 年度の北陸地方におけるツキノワグマの大量
出没の状況を記録分析した報告書）

http://www.env.go.jp/nature/report/h17-01/index.html

２．ヒグマとツキノワグマの全国の生息状況

（第 6 回自然環境保全基礎調査、種の多様性調査、哺乳類分
布調査、ヒグマ・ツキノワグマ）

http://www.biodic.go.jp/reports2/parts/6th/6_mammal/6_
mammal_06.pdf

７ イノシシ

イノシシに対する安全対策は、クマと同様に、まず遭遇しない
工夫をすることである。

1)イノシシについての知識

日本列島には、ニホンイノシシとリュウキュウイノシシが分布
している。ニホンイノシシは、本州・四国・淡路島・九州などに、
リュウキュウイノシシは、南西諸島の奄美大島・沖縄島・石垣島・
西表島などに生息している。リュウキュウイノシシの生息数は、
非常に少ないため、以下は、ニホンイノシシについて、記述する。

食性は、雑食性で、普段は植物性の物を食べることが多く、ド
ングリなどの木の実・果実・タケノコ・クズの地下茎・山芋など
を好む。動物性の物では、ヘビ・カエル・ネズミ・ミミズなどを
捕食する。また、近年では、人間が出した生ゴミや、畑の作物を
狙って人里に現れることが多い。イノシシは、山間部でも低地地
域や平地で、体が隠れるような草木が生い茂った土地で、しかも
河川が近い湿地帯を好んで棲みつく。イノシシは、夜間に人里に
やってくるため夜行性のイメージが強いが、実際には昼間に活動
的に動く。走れば時速 40km 以上、垂直ジャンプなら 1m 以上と
身体能力は高い。重さ 70kg の岩も動かせる硬い鼻先が、強靭な

武器である。犬並みの鋭い臭覚と優れた聴覚を持ち、視力は 0.1
程度でも、100m 先の人間を確認できる。

2) イノシシに遭遇しない対策

イノシシは、生息域が山間の低標高地域のため、野生動物の中
でも人間と遭遇しやすい動物である。

① イノシシは、基本的には臆病で警戒心が強いため、人間を見
つけたら、イノシシのほうから距離を取って離れていくので、
大声で談笑しながら歩くなど、クマ対策と同様な方法が有効で
ある。

② 幕営する場合も、クマ対策と同様に、残飯の後始末は的確に
行うことが重要である。

3) イノシシと遭遇した場合

もし、イノシシに遭遇した場合は、まずパニックにならないこ
と、イノシシを刺激しないことを第一に考える。

① 距離が近い場合

距離が近い場合は、目を見たままで、決して背を向けずに後
ずさりして距離を取る。背を向けて逃げると、イノシシは本能
的に、時速 40km 以上で追いかけてくるので逃げ切れない。もし、
イノシシがおそいかかってきたら、高い場所に登る（木に登る）、
あるいは遮蔽物を利用して逃げる。

② 距離がある場合

距離がある場合は、ゆっくりその場を離れる。急に走ったり、
後ろを向けたりすると、興奮させることになったりするので注
意が必要である。また、棒を振り回す、石を投げるなどして刺
激しないことが重要である。

■2—10 有毒・有害植物

1 ウルシ等

　過敏症の人はウルシ等の木の下を通っただけでもかぶれてしまう。重症になると目がつぶれるほど顔が腫れ上がり、特に皮膚の柔らかい部位の発疹には我慢出来ないほどのかゆみがあり、また発熱を伴うこともある。

1)　ウルシ等の木を識別できること。

2)　服装に配慮しできるだけ肌を露出させないこと。

3)　事前に手や顔などの露出部に油を塗っておくこと（植物油、鉱物油どちらでも良い）。

4)　かぶれには温石鹸水やベルツ水を塗布する。

2 キノコ類

　キノコ類は身体に接触しても特別な症状を引き起こすことはないし、また、採集して料理のうえ食べるということがなければ中毒することもない。安全という面では特にとりあげなければならない必然性は少ないが、われわれ日本人はキノコを好んで食べる民族であり、外業のために山野を歩きまわる測量技術者は日常キノコに接する機会が多く、採集して食べる機会も多い。

　キノコ中毒をふせぐためには

1)　キノコを食べなければ中毒することはない。

2)　毒キノコを見分ける。毒キノコを見分ける方法については、さまざまな見分け方が伝えられているがその中には迷信に近いものもあり、経験の少ない者には殆ど判別は困難である。キノコを採集したらば、必ず土地の経験ある者ないし宿舎の主人に採集した場所（採集地も判別の目安となる）を含めて意見を聞き、安全を確認して食べるようにする。

3 その他の有害植物

外業においてはさまざまな植物に接触する。自然食または野草料理の材料として外業の途中で有毒の植物（例、ドクゼリをセリと間違って）を採集したり、ドクウツギの実をグミの実と誤って食べてしまったりすることがあるので注意しなければならない。次の植物には注意する。

1)皮膚、粘膜、神経に異状が起こるもの

① キツネノボタン類、ウルシ、イチョウ等……炎症を起こす

② ケシ類、ニワトコ、オダマキ、ウメ……神経系に異状を起こす

③ トリカブト、バイケイソウ、ジキタリス……上記の中間の異状

2)臓器の異状が起こるもの

① 心臓毒……キョウチクトウ、フクジュソウ、スズラン

② 血液毒……トチノキ、シクラメン

③ けいれん毒……ドクセリ、シキミドクソウツツギ

■ 2—11　電気災害・火災等

1 電気災害

1)事故の態様

電気による災害は、電気設備の充実部分や、漏電箇所に接近したり、接触しておこる感電災害が大部分を占める。

感電は、電撃とも言われるが、電気設備の充電部分や、漏電箇所に接近したり、接触して起こるものである。測量作業においては、直接に電気設備を取り扱うことは少ないが、作業に当たっては、十分な注意が必要である。

2)事故防止のための注意点

① 鉄道線路の付近では、スチール、アルミ製の標尺は使用しな

第2章
●外業の注意事項

い。架線下におけるスタッフの伸長使用は絶対にしてはならない

② 鉄道高架橋上、トンネルの出口等の付近での作業にはスチールテープに替え布製、ビニール製のテープを使用する。また、凹地の鉄道敷において、架線を越えてテープによる直接測距を行わないこと。ワイヤー入りエスロンテープも使用してはならない

③ 選点をする場合に、高電圧架空電線などの近くを避ける

▓ 火　災

1) 禁煙の励行

火災原因の第1位はタバコの吸いがらの不始末である。作業実施中の「くわえタバコ」は規律の上からも好ましくない。次のような場所及び作業においては禁煙とする。

① 「禁煙」の指示がある場所

② その他引火性の物質のある場所

③ マンホール内及びマンホール開蓋時

④ 国宝及び重要文化財の指定場所

⑤ 国有林その他指定林内

⑥ 枯れ草や落ち葉などの密集する山地、草地

2) 山火事の防止

山野の貴重な緑を不注意による火災で失うことは測量技術者ならずとも恥ずかしいことである。冬季、春先の乾燥時の外業に於いてはとくに注意が必要である。

① タバコは極力禁煙に努め、喫煙の場合は安全な場所で喫煙し、タバコの吸いがらの後始末に注意すること

② 焚き火はしないこと。やむを得ず行う場合には次の事項を厳守すること

1. 周囲の可燃物を完全に取り除くこと

2. 風の強さと方向を確かめ、安全な場所を選定すること

3. 急傾斜地の山裾は避けること

4. 消火の準備を整えておくこと

5. 火の粉が周囲に飛散する場合は中止すること

6. 後始末は水又は土を十分に掛け完全に消火を確認して立ち去ること

   枯れ葉が堆積する山林では、火が地覆下で延焼し、数週間も燃え続けることがある。消したつもりでももう一度再確認する

3) 事務所、宿舎火災の防止

① 「くわえタバコ」は慎む

② 「寝タバコ」は絶対にしてはならない

■ 2—12 立入、使用に許可を必要とする地域

　測量現場には立入許可や使用許可を必要とする地域がある。このような地域は通常危険の多い地域である。事前に十分に調査をして、安全計画に手落ちがないか検討して申請するとともに情報を入手すること。

　下記の外にも許可を必要とする作業があるので入念に調査すること。

1) 　道路使用許可（道路を長時間使用し交通に影響を及ぼす場合）
   所轄の警察署

2) 　道路占用許可（道路を長時間占有して工事など行う場合）
   所轄の警察署、道路管理者

3) 　水路使用許可（河川の水面を長時間使用して作業を行う場合）
   上流水域は所轄の警察署

   河口水域は所轄の水上警察署、所轄の警察署

4) 工事・行事・作業許可（航行の目的以外で海面を使用する場合）　海上保安庁

5) 立入許可（埋立地内や工事現場は立入許可が必要である）所轄の官公署・施工業者

6) 入林許可（国有林内で作業を行う場合）所轄の森林管理署

7) 保安打合せ（鉄道用地内で作業をする場合）鉄道会社

8) その他の占有地域は所有者

③. 作業別安全のポイント

■3—1　測量作業

❶ 事故発生の原因

事故発生の原因となるものを追求して事故を未然に防止しなければならないが、その原因は大別すると次の3点と考えられる。

1) 管理体制（計画の不備）
2) 無理な工程及び実行
3) 本人の不注意

個々についてその内容を列記するので作業従事者は担当者の間で十分に検討を行い、その都度、適切な安全対策を確立しなければならない。

1)管理体制（計画の不備）

部門長の配慮すべき範囲である。

① ミーティングの充実及び的確な作業指示（作業の内容、目的、注意事項）、KY活動（危険予知訓練）
② 事前調査の充実、資料の収集
③ 携行品の検討
④ 経験、技能及び体力に応じた人選、工程、能率の決定
⑤ 事故を想定しての対策等の指導
⑥ 会社、宿舎（地元）との連絡網の確認

2)無理な工程及び実行

現場長の配慮すべき範囲である。

① 健康管理の徹底
　1. 適切な作業量の配分
　2. 疲労に応じた睡眠と休養
　3. アルコール摂取量のセーブ

4. バランスのとれた食事

5. 健康状態の確認

② 天候（風、雨、雪、雷、気温）に対する的確な判断及び急変の場合の冷静な対策と指示

③ 準備事項の確認、案内人、交通事情、機材器具の点検

④ 地形に応じたパーティー数、工程の編成（日没に対する対策等）

3) 本人の不注意

主に作業者本人の配慮すべき範囲である。

① 労働意欲、集中力の不足

② 指示、注意に対する無視、無理解

③ 冷静且つ慎重な判断と行動の不足

④ 作業前の準備、準備運動、器具の点検の不足

⑤ 慢心と惰性による心のスキ

⑥ 社員としての心得の不足

⑦ タバコ、焚き火の火の不始末

❷ 事故発生の因子となるもの

1) 自動車の運行と管理

2) 自動車、自転車、列車に対する注意　道路、鉄道での作業

3) 危険地域での作業　山岳地帯、海岸、海上、水上、坑道、マンホール、夜間作業

4) 悪天候、気象の急変

5) 落石、倒木

6) 毒蛇、毒虫、クマ

7) 木登り、岩登り、急傾斜面での転落、滑落

8) 体調の不良

9) アルコールの過量摂取（酒の飲み過ぎ）

10) 機械、器具の取り扱いの不良

3 作業の中止基準（自社で設定）

① 強風　10分間の平均風速が〇〇m/秒以上の風
② 大雨　1時間の降雨量が〇〇mm以上
③ 地震　震度4以上
④ 大雪　1時間の降雪量が〇〇cm以上
⑤ 噴火　噴火警戒レベル2（火口周辺規制）

4 作業の再開基準（自社で設定）

3—2 特定作業別、地域別安全のポイント

1 山地・丘陵地・森林地帯

1)現場に入ったら

① 国有林の入林許可証の入手
② 関係先への連絡　　　計画機関・森林管理署・市町村役場・警察署・観光協会
③ 宿舎の報告　　　　　住所、名称、電話番号、期間

2)出発まえに

① 気象状況の把握　　　注意報・警報の確認
② 行動計画図上での十分な打合せ、指示・注意事項の徹底
③ 事故発生を想定した連絡方法、対処方法の確認
④ 技能及び体力に応じた人員配置計画と時間割りの作成
⑤ 帰着時間の確認と宿舎への連絡、日没に対する対策
⑥ 現地の人、機関から情報を収集
⑦ 携帯品は必要且つ十分か
⑧ 正しい作業服装とともに出来るだけ目立つ装備（色彩的に）にて立ち入る
⑨ 救急用品を用意する
⑩ 高山地、日帰りの困難と思われる地域での作業では非常食品

を携行する

3) 現地では

① 安全帽、軍手、安全靴の着用

② 雨、霧等の天候急変による作業中止と避難

③ 木、竹、篠等の切り株に注意する

④ 毒蛇（マムシ、ハブ）毒虫（スズメバチ、クマバチ）に注意する

⑤ タバコ、焚き火等による山火事の予防に注意する。（焚き火等を行ったら、水を掛けるか、穴を掘って焚きカスを埋め土で覆う等の対策を必ず実行する）

⑥ 山道の運転に注意する

⑦ 密林内の通行は標識テープ等を木に縛り帰る道を確保する

⑧ 崖地の作業においては命綱を装着し、滑落、落石等に注意する

⑨ 草刈り作業においては、人を半径5m以内に近づけない様にする

⑩ 刈払い機による草刈りは、熟練者が保護具を完全に着用して行うこと

⑪ チェーンソーによる立木伐採は、技能講習を受けた有資格者があらかじめ決めた作業手順に従って行うこと

⑫ 有毒植物を食べたり、触れたりしない様にする

4) 作業後

① 作業メンバーの安全の確認

② 器具の点検

③ 反省ミーティングと地形情報等の申し送り

④ 十分な休養（アルコール類は飲み過ぎない）

❷ 平地・道路上・市街地

1) 現場にはいったら

① 土地立ち入り証、身分証明書の入手、携帯
② 宿舎の報告　　　住所、名称、電話番号、期間
③ 救急医療機関等の確認

2) 出発まえに

① 気象状況の把握　　　注意報・警報の確認
② 行動計画図面上での十分な打合せ、指示・注意事項の徹底
③ 事故発生を想定した連絡方法、対処方法の確認
④ 技能及び体力に応じた人員配置計画と時間割りの作成
⑤ 安全装備のチェックを行う
⑥ 自動車の点検、ガソリンは十分か
⑦ 交通量の調査とその対応策の決定
⑧ 駐車場情報の収集

3) 現地では

① 交差点の器材の設置に注意する
② 道路内では機械から離れない
③ 車道上での記録はしない
④ 車道でのスチールテープの使用はできるだけ避ける
⑤ 標尺は立てて運搬する
⑥ 車には特に注意する
⑦ 子供に注意する
⑧ 篠の切り株に注意する（フミヌキに注意）
⑨ 傾斜地では足元に注意する
⑩ 現場では焚き火をしない
⑪ 民地立ち入りおよび伐採は承諾を得る
⑫ ビルの立ち入りは許可を得る
⑬ ビルの屋上では落下物、突風に注意する
⑭ 標尺を電線に引っ掛けないよう注意する（感電防止）

4) 作業後

① 作業メンバーの安全の確認
② 器具の点検
③ 反省ミーティングと地形情報等の申し送り
④ 十分な休養（アルコール類は飲み過ぎない）

❸ 鉄道・高圧線周辺

1) 現場にはいったら

① 事故防止保安書・保安打ち合わせ簿の確認
② 土地立入証・入林許可証・身分証明書の入手、携帯
③ 関係先への連絡（鉄道）最寄り駅、保線区、電力区、計画機関
④ 関係先への連絡（高圧線）電力会社、電発、ＪＲ、計画機関
⑤ 当日の列車ダイヤにもとづき列車の確認（見張員をそれぞれの規定によって必要人員を配置する）
⑥ 宿舎報告　住所、名称、電話、期間
⑦ 所属長からの指示事項、注意事項の確認
⑧ 安全装備のチェックを行う

2) 出発まえに

① 気象情報を把握する
② 健康状態のチェックを行う
③ 人員配置計画
④ 安全装備のチェックを行う
　　　笛、信号炎管４本入、赤旗、白旗、合図灯（夜間）、懐中電灯、電気用ゴム手袋、トランシーバー、腕章、安全チョッキ、携帯電話等
⑤ 器材のチェックを行う
⑥ 自動車の点検、ガソリンは十分か
⑦ 計画機関に当日の予定を連絡する

⑧　当日の臨時列車のダイヤを確認する

3)現場で

①　工事管理者の指示をうける

②　見張員は作業員とは別に確保し作業には従事してはならない

③　防護用具の使用法を知ること

④　軌道（車両限界）内に機材を置かない

⑤　赤色衣服を着用しない

⑥　スチールテープの軌道内使用は禁止する

⑦　架線に注意する（活線近接作業時は監視人を配置する）

⑧　軌道敷内における記録は避ける

⑨　線路横断は指差確認をする

⑩　トンネル・鉄橋高架は、ダイヤ確認・待避所の確認をする

⑪　待避は安全な場所を選ぶ

⑫　鉄橋では突風に注意する

⑬　埋杭では通信線を切らないように注意する

⑭　踏切内の赤外線「障害物探知装置」に注意する

⑮　対空標識は確実に固定する

⑯　赤色のポール、測旗等は使用しない

⑰　標尺は3メートル以下のものを使用する

⑱　標尺はスチール・アルミ製のものは使用しない

⑲　現地を離れる前に器材のチェックを行う

第3章 作業別安全のポイント

◢4◣ 坑内・下水道

1)現場にはいったら

① 所属長からの指示事項、注意事項の確認

② 入坑、出坑届を出す

③ 宿舎報告（住所、名称、電話、期間）

④ 救急医療機関等の確認

⑤ 予防注射（破傷風等）の実施についての検討

⑥ 警察への届出（道路使用許可証）

2)出発まえに

① 作業予定を確認する

② 健康状態のチェックを行う

③ 連絡方法、場所の確認をする

④ 安全装備のチェックを行う

　　　　可燃性ガス・酸素・硫化水素・一酸化炭素測定器、安全帽、
　　　　安全帯、笛、反射塗料付き腕章、水筒、非常食料、救急品

⑤ 人員配置計画

⑥ 坑内安全規則の確認をする

⑦ 計画機関に当日の予定を連絡する

⑧ 入坑、出坑、坑内の人荷車の予定を確認する

⑨ ガス発生の有無とその種類

⑩ 計画機関の作業予定表の入手

⑪ 緊急合図、警報の確認

3)現場で

① 足元に注意する（指定通路内の通行）

② 落石に注意する（危険箇所への立ち入り禁止）

③ タバコは禁煙に努める（火気は厳禁・可燃性ガスの存在する
時の措置・発火器具の携帯禁止等）

④ 服装に注意する

⑤ 頭上に注意する

⑥ 感電に注意する

⑦ 設備に手を触れない

⑧ 人荷車に注意する（合図・警報の確認、待避所の確認）

⑨ 器材を置く位置に注意する

⑩ 作業は落ち着いて行う

⑪ 危険を感じたら作業を止める

⑫ 安全帽のアゴ紐は必ずしめる

⑬ 作業予定時間を守る

⑭ 口笛を吹かない

⑮ マンホールの蓋の開閉時には手足を蓋で挟まれないように注意する

⑯ マンホールの開蓋時は必ず所定の防護柵を設置しかつ監視員を配備する

⑰ マンホール内は換気が悪く酸欠状態の時があるので測定の結果を確認の上立ち入る

⑱ 下水管内では急速増水が発生するので待避所等避難方法の確認を周知徹底する

4)作業後

① マンホールの蓋等の復元確認

② 人員、器具の数量確認

③ 消毒、身体の洗浄の励行

5 海上・湖沼・河川縦横断

1)現場にはいったら

① 所属長からの指示事項、注意事項の確認

② 海上作業許可証又は届書・身分証明書の入手、携帯

③ 関係先への連絡、海上保安部、漁協、計画機関

④ 宿舎報告（住所、名称、電話、期間）

2)出発まえに

① 気象情報・海上模様の把握

② 健康状態のチェックを行う

③ 人員配置計画

④ 安全装備のチェックを行う

作業服、安全靴、安全帽（ヘルメット）、ウエットスーツ、救命具（ライフジャケット等）、安全ベルト、笛、ロープ、懐中電灯、ゴム（皮）手袋、軍手、トランシーバー、携帯電話、ハンドスピーカー、救急箱、紅白旗、浮輪

⑤ 機材のチェックを行う

⑥ 救急用品のチェックを行う

⑦ 当日の帰りの時刻を、計画機関に連絡する

⑧ 自動車の点検、ガソリンは十分か

⑨ 計画に当たっては、現地の人から安全確保のための情報を収集する

3)現場で［海上、水面上での作業時］

① 河川敷内での作業は上流のダムや水門の有無を確認し、開門放流の時間等を事前に調査すること。また、現場においては定刻以外のサイレンや広報車の警戒通報等に留意する

② ボート及び小型測量船上での胴長靴の着用をしてはならない。また流速のある渡河については胴長靴の着用をしてはならない

③ 水域での作業は必ず救命胴衣を着用する

④ 汀線測量及び河川の渡河作業には必ず命綱を装着すること

⑤ 水域作業には必ず監視員を配置し、早期救助の配備と打合せを十分に行っておくこと。特に水温の低い時期においては、救助、救急処置はスピーディかつ的確な判断をもって行うこと

⑥ 測量船にはその作業所在を明確にするため、必ず測量旗を掲揚すること

⑦ 深浅測量時には必ず監視員を配置し、船舶の安全航行を図り、事故防止に万全の注意を払うこと。監視員はトランシーバーのほかハンドスピーカーを携行すること

⑧ みだりに船上を移動しないようにし、移動するときは安全を確認する

⑨ 物品は落下しないように下部に置く

⑩ 重量物は固縛し、機械は転倒防止対策をとる

⑪ 重量物、危険物の取扱いは保安管理者の指示にしたがう

⑫ 常に海況の変化に注意する

⑬ 他の航行船、浅瀬、暗礁、漁網等の障害物に注意する

⑭ ウィンチを使用する場合は、船長の指示に従う

⑮ 機械ぎ装を完全に行い、毎日装着の点検を行って安全を確保する

⑯ 高電圧、電流の漏電防止（アースの設置）（特に放電式海底地層探査機を使用時）

⑰ 機械の事前点検整備を行う

⑱ ガソリン等燃料油の取扱注意、喫煙・火気使用の禁止

⑲ 海洋・湖沼等の測量作業の際は、救命用具を着用する

⑳ ワイヤー、ロープ等の巻き込み事故に注意する。緊急時に備え、ロープカッターを携行する。ワイヤーロープの各所に布きれなどの目標物をつけワイヤーロープの所在位置を明確にする

㉑ 必要に応じて命綱を着用する

㉒ 原則として暗くなる前に帰港する

㉓ 出入港の際は、船長に常に協力する

[汀線、河川縦横断測量の作業時]

① 河川敷内での作業は上流のダムや水門の有無を確認し、開門放流の時間等を事前に調査すること。また、現場においては定

●第3章
作業別安全のポイント

刻以外のサイレンや広報車の警戒通報等に留意すること

② 木、竹、篠の切り株に注意する

③ 毒蛇（マムシ、ハブ）に注意する

④ 毒虫（特にスズメバチ、クマバチ）に注意する

⑤ 軟弱地盤に注意する

⑥ タバコに注意する、山火事の予防に注意する

⑦ 水深の深溜に注意する

⑧ 崖付近に注意する

⑨ 水際、山道の運転は特に慎重にする

⑩ 伐採は最小限度に止める

⑪ ナタ、カマの使用は水で濡らした手袋をはめて使用する

⑫ 基準点設置場所に注意する（崖上、崖下、高く狭い構造物）

⑬ 岩しょう地帯、テトラポッドからの墜落事故に注意する

⑭ 河口を泳いで渡ることはしない（河口部は潮流・水流の変化が激しい）

⑮ 重量物の運搬ルート、足場の確認、事故防止に留意する

⑯ 急な崖部の登り下りは、滑落事故防止のため、安全ルートを確保できないかぎり実施しない

6 夜間作業

1)現場に入る前に

「各地域の作業に準じる」

2)出発前に

① 昼間における十分な睡眠を確保する

② 昼間において器具の点検をする

③ 連絡方法の確認をする

④ 昼間の踏査、伐木、道路、地形等の確認を行う

⑤ 雨具、殺虫剤等の携行する

⑥ 時間割りの確認する

⑦　自動車の整備する
⑧　照明器具などの点検
⑨　交通法令に基づく安全対策（工事中の表示等）
3)現場で
①　作業時間の短縮
②　タバコ、焚き火の始末を十分に確認

4. 事故発生時の処置

■ 4—1 　事故が起きたら

チェックシート

1. 事故が起きたら、まず冷静に、状況を確認する
2. 被災者の救助を最優先に行う
3. 二次災害を防止する
4. 速やかに連絡する

　現場の人はみんな、事故やけがを起こさないようにいろいろと工夫し努力を続けている。それでも事故やけがが絶対に起こらないわけではない。万一事故が起こった場合、その処置が悪いと、とりかえしのつかないことになる。そこで事故が起きた場合、どうしたらよいか、普段からよく心掛けておかなければならない。

◼ 被災者の救助と二次災害の防止

　被災者の救出がなによりも優先して行わなければならないことは言うまでもない。しかしこの場合注意すべきことは、状況により救出に向かう人自身に二次災害を発生させないように配慮することが必要である。

(例) 1)　火事だ、というので大勢の人が駆けつけたが、その直後に大きな爆発が起こって、人身事故が拡大した。

2)　坑道内等で、中毒した同僚を救い出そうと、保護具を付けないで出掛けたところ、自分も一緒に中毒した。(酸欠も同様)

3)　感電した同僚を助けようとして、慌てて、同僚の身体に触れたとたんに自分も同じように感電した。

このような場合下記に注意する。

① 機械関係の災害の場合 ――― 機械の運転をまず停止し、救助にあたる
② 感電による災害の場合 ――― 電源をまず切り、救助にあたる
③ 酸素欠乏の場合 ――― 換気を行い、新鮮な空気を送る。又は、マスクを付けて救助にあたる
　被害者を動かせる場合 ――― 応急手当てをして、安全な場所に運ぶ
　被災者を動かすと悪い場合 ―― 寝かせたまま医師の手当てを待つ

　また、被害者が軽いけがだからと言って、素人治療をしたり、手当を受けないで放っておいたりすると、後から傷が悪化することがあるから、注意が必要である。（救急処置の項を参照）

2 連　絡

1)事故発生時の連絡は下記の通り

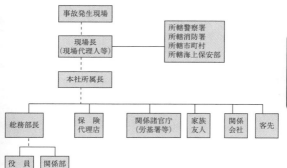

第4章 事故発生時の処置

2)連絡内容

連絡内容

① 作業件名

② 現場長（現場代理人等・または連絡者）の所属・氏名

③ 「事故が発生したので報告します」

④ いつ（○月○日○時○分）

⑤ どこで（○町○○付近、目標物）

⑥ 何が、誰が

⑦ どうして

⑧ どうなった

■4—2　出張中に負傷したときは
（労災保険に関連して）

■ 労災保険の手続き

　出張中に負傷し、労災扱いとして処理する場合は、次の手順で治療を受ける。

1) 負傷の部位、度合いを確認する

2) 応急処置は負傷に応じておこなう

3) 病院で治療を受ける場合は、病院が労災指定かどうかを確認する

4) 医師に応急処置の内容を説明する

5) 業務中に負傷したので、書類（第5号様式）は後で至急提出する旨を話しておく

6) 労災指定以外の診療機関では、現金を支払い、帰社後に精算する（7号様式で証明を受ける）

7) 事故処理担当部課より出張先に書類（5号様式および7号様式）を送付するため、下記の内容について電話で連絡しなければならない（メール、FAXならなおよい）

> 労災補償のあらまし
>
> 業務上の災害に対しては、労働基準法によって次のような補償がおこなわれるように、規定されている。労働者災害補償保険に加入している事業場では、被災者にはこの制度によって支給される。
>
> **療養補償（法第75号）**
>
> けがの治療費や療養に要した費用が支払われる。
>
> **休業補償（法第76号）**
>
> けがのため休業した期間は平均賃金の6割の休業補償がなされる。
>
> **障害補償**
>
> けがのなおったあとで、例えば指を落としたとか、失明したとか、身体機能に障害が残った場合には、後遺障害の程度に応じて平均賃金の1340日（第1級）から50日（第14級）分の障害補償がなされる。

① 負傷者の氏名、生年月日、負傷年月日、天候
② 事故の原因、発生状況、災害の程度
③ 現認者（確認者）氏名
④ 労災指定の診療機関かどうか
⑤ 労災保険で処理できるか
⑥ 負傷の部位、状況

8) 指定病院の変更は、出張先で治療して帰社後転医する場合に該当するので、転医する者は、事故処理担当部課まで連絡する（6号様式で証明する）

9) 出張中の交通事故による負傷の場合は、労災の第三者行為災害届を提出しなければならないので、必ず事故処理担当部課

に連絡し、指示をうること。一般的には自動車事故賠償責任
保険（自賠責）が優先的に適用され、その後労災扱いとなる

❷　事故の報告

　事故報告書はすべての事故について会社の所定様式により提出
しなければならない。ただし、様式のない場合には、氏名、発生
年月日、発生原因等を詳細に記載し所属長に提出する。

5. 救急処置

■5—1 応急処置のしかた

1 応急手当の必要性

　私達は、いつ、どこで突然の事故や急病におそわれて、生命が危険におちいるかわからない。

　このような時に付近にいた人の応急手当いかんで人の運命は大きく左右される。応急手当は、これらの事故者に対して、医師が診療を開始するまでに時を移さず、一時的に行う手当である。

2 観察と患者の取り扱い

1)観察のしかた

　応急手当をする前に、けが人や病人の状態を知ることが大切である。

① 呼吸をしているか、脈はあるか、気を失っていないか、手足を動かせるか、顔色、皮膚の色・皮膚の温度はどうかを調べる
② 動きを見たり、音を聞いたり感じたり、触ってみる
③ きずや病気の起こり方や原因など注意し、全身をよく観察することが大切である

2)患者（けが人・病人）の取り扱い

　医師や、救急車の来るまでの間、患者を安静（体位と保温）にすることが大切である。

① 意識があるとき
　患者に症状を聞きながら、もっとも楽な体位にする
② 意識がないとき
　はき気や嘔吐、舌が気道をふさぐことで起こる窒息には十分注意する必要がある

1. 頭をうしろにまげて、のどをのばし、空気の通りやすいようにする

◀図5-1

2. 水平に寝かせる。顔色が悪いときは足を高く、赤いときは頭を下げる体位がよい（図5-2）

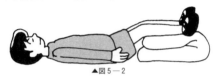

▲図5-2

3. この他横向きに寝かせたり、物によりかからせて座らせることもある
4. 毛布などで全身をつつむ。特に下からの冷えを考えて、新聞紙などを敷くだけでも、効果がある
5. 嘔吐があれば寝かせたまま顔を横に向ける
6. 意識のない人、吐き気のある人、腹をけがした人には絶対に飲み物を与えない

3)医師への連絡
① 患者のいる場所、道順、目標物
② 事故の種類、程度、状況
③ 現在実施している応急処置の内容

3 救急用具・薬品

救急用具をつねに十分に点検整備し、それらの設置場所を明示しておく。

1) 器 具
① ピンセット（消毒してから使用）　② はさみ
③ 止血対（ゴム管）

2) 衛生材料
① 消毒ガーゼ　② 脱脂綿　③ 油紙
④ ふとん綿（添え木を包む）　⑤ 包帯　⑥ 三角巾
⑦ 絆創膏（ばんそうこう）
⑧ 荷札（緊縛止血を行った時間を記入）
⑨ 包帯止め　⑩ 綿棒

3) 薬 品

薬　品　名	用　　途
消毒用エタノール（70%）	器具、指、創傷の消毒用
逆性石けん液	消毒用 （手指3%、創0.3%）
アンモニア水	虫さされ、気つけ用
重曹水（2～5%）	洗浄、うがい
ほう酸水（1～2%）	湿布、洗眼
ヨードチンキ（2～3%）	消毒用、塗布用
過酸化水素液	汚れた傷から土砂、異物を除去

■ 5—2　事故者の体位

１ 概　要

　けが人の手当をする際に、まず考えねばならないことは、このけが人をどんな体位におくか、ということである。救助者は、事故者に意識があるかないかによって、本人をどんな体位においたらよいかを考えなければならない。

2 意識のある人の場合

まず本人の傷や容態をよく見て、どの体位におくのが一番楽であるかを判断し、その体位に寝かせて、本人にその体位が楽であるかどうかをたずねる。そして本人が一番気持ちが良いという体位にしてやること。そうした体位におくためには次のことを知っていなければならない。

1)事故者は原則として水平に寝かせること

① 事故者はいつでも、血液がからだの中を平均して流れるような体位に寝かせる必要があるから、枕をさせないで水平に寝かせる(枕をするにしても低いものにする)。そしてネクタイ・バンドなど体を締めつけているものをゆるめてやる(図5―3)

▲図5―3

2)顔色がひどく蒼白なとき

① 顔色がひどく蒼白なときには足のほうを10～30cmくらい高くする。足を高くしただけで300～400ccくらい輸血したのと同じ効果があるといわれている(図5―4、5)

しかし頭や胸、腹をけがしているときには、頭を低くしてはいけない

② またこうした位置に寝かせると息苦しくなったり、頭痛がひどくなったりする場合にもこの位置に寝かせず水平に寝かせる

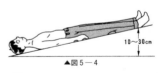
▲図5―4

〔注〕 ひどい出血の場合は、頭を下げるばかりでなく、四肢も高揚する。(図5—6)

▲図5—5

3)顔色が赤いとき

① 顔色が赤いときには頭と肩がすこし高くなるように寝かせる。
　このとき、枕を頭だけに当てないで、肩の下から頭へかけて高くする。顎をすこし上げるようにしておく(図5—7)

▲図5—6

▲図5—7

② 呼吸困難を起こしている場合にも、頭と肩をすこし高くしてやれば、呼吸が楽になる場合がある

4)水平に寝かせた場合、あるいは頭部と肩を上げて呼吸困難のあるもの

① 心臓部(左)を上にして横向きに寝かせて、顎を上のほうへすこし突き出してやると呼吸が楽になることがある。この場合、肩の高さくらいの低い枕を右頬の下に当てておく。嘔吐するようなときも、この体位に寝かせると楽である(図5—8)

▲図5—8

5) 足を毒蛇にかまれたもの

タンカで運ぶときは水平に寝かせてかまれたその足の先が下がるようにしておく。嘔吐しがちだから、必要に応じてからだを横向けにして、嘔吐しやすい体位にする（図5—9）

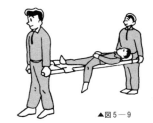

▲図5—9

6) 腹を打ったり、腹に傷のあるもの

水平に寝かせて両膝を立て、その下に毛布などをまるめて当てて寝かせたほうが楽な場合がある。ただし腹の傷が縦の場合は足を伸ばして寝かせる（図5—10）

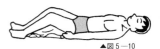

▲図5—10

7) 足首を捻挫したり、けがしたもの

水平に寝かせて、その足の下に毛布などをまるめて当て、足首がすこし高くなるようにする（図5—11）

▲図5—11

8) ぜんそくや心臓発作（衰弱）のもの

① 楽に座らせて前に寄りかからせるようにする（図5—12）

▲図5—12

② なお、心臓発作（衰弱）のようなときは、上体を起こしてうしろによりかからせると楽である。また呼吸困難があるときはあお向けで肩をすこし高くして頭をややうしろに倒して顎を上のほうに上げてやると呼吸が楽になる（図5－13）

▲図5－13

3 意識のない人の場合

意識のない人は、舌根が落ちて気道をふさいだり、嘔吐物やよだれなどのために、窒息させないような体位を考えなければならない。

意識のない人はけっして一人にしておいてはいけない。救急法を知っている人が、必ずいつも脇についていること。呼吸が止まった場合は直ちに人工呼吸をやらなければならない。

1) 意識不明者の体位

① 水平に寝かせて顔を横に向けておく。ただし、この場合、顎が十分前に出て気道が開いているかをよく注意しておくこと。したがって、だれかがつき添っていて、気道確保にたえず注意する（図5－14）

▲図5－14

嘔吐したら、口中に異物が残っていないかをよく見て、あればとり出す

② 右(または左)肘を曲げてうつ向けに寝かせ、曲げた手の甲の上に、口が爪先のほうへ向くように顔を横にして寝かせる。左(右)手も曲げておく(図5—15a)

▲図5—15 (a)
▲図5—15 (b)

③ 顔がずり落ちて口が土につくときは顔を逆に向けておく(図5—15b)

④ 低い枕を頬に当ててもよい(図5—16)

▲図5—16

⑤ 必要に応じて図5—17のようにして、顎を十分前のほうに引き起こしておくこと(図5—17)

嘔吐物やよだれなどが流れ出るおそれがない場合は、肩の下に当て物をして顎を十分引き起こしておく(図5—18)

▲図5—17

⑥ 頸部に外傷のある場合

傷病者をあおむけに

▲図5—18

寝かせ、その額に、片方
の手のひらをあてて下に
押す（図5—19）

⑦ もう一方の手の人差し
指と中指を下あごにあて、
あまり力を入れずに下あ
ごを持ち上げる。このと
きに頸を後方に曲げすぎ
ないこと（図5—20）

⑧ 下あごにあてた手の親
指を下くちびるにあてて
押し下げ、口を開かせる
（図5—21）

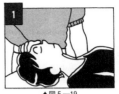
▲図5—19

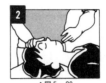
▲図5—20

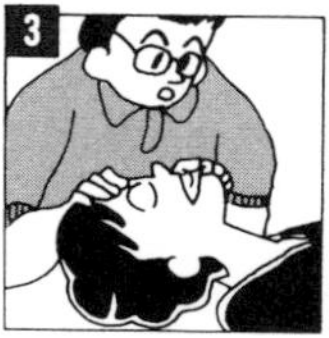

◀図5—21

■ 5—3 止血法

止血は誰にとってもいやなものであるが、血をみてあわてたり
騒いだりしてはいけない。落ち着いて出血の状態をみる。

１ 種 類

1) 動脈性出血…心臓の拍動につれて、血が吹き出て止血しにく
い。血液の色は鮮紅色であるが、血の色で判断
するのは素人には困難である
2) 静脈性出血…暗赤色の血が静かに湧き出る。動脈性出血より
は止血は容易である

3) 毛細管出血…少しずつしみ出す程度で出血部を心臓より高く上げ、消毒したガーゼをあてると自然に止血する

2 止血法

1)圧迫ほう帯止血

① たいていのケガによる出血は傷口を厚くおりたたんだ布で覆って圧迫すれば十分

② 傷にあてる布は、できるだけ清潔なものを使用する

③ 圧迫するには手のひらでもよいが、傷にあてた布の上をさらにしっかりほう帯する

上腕・前腕の止血

④ 一度ほう帯をしてもまだ血が止まらないようなら、その上から、さらに布をあて、もう一度ほう帯をする

⑤ ほう帯は、きつからず、ゆるからずが適当である

⑥ 救急用のほう帯とか三角巾を持っていると便利である

▲図5―22 指の止血

2)動脈指圧止血

① 手足のケガで大きな血管が破れて大出血の時は、傷の部分を圧迫するだけでは、なかなか止まらない。その時は、破れた血管の根元の所を圧迫して血の流れを止めて止血する(図5―

▲図5―23 A

68

22)
② 腕から手にかけての大出血では、わきの下で力こぶのできる筋肉のつけ根の内側の脈をうっている血管（上腕動脈）を図のように指でしっかり圧迫する（図5－23、A）

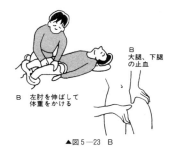

▲図5－23 B

③ ももから足にかけての大出血は、ももの内側を走っている大腿動脈を図のように圧迫する（図5－23、B）
④ 足の出血は止血と同時に足を高め、手ならば下げないで吊る

3) 直接間接圧迫併用法

ひどい出血の場合は直接・間接圧迫法を併用すれば非常に効果的である。四肢の動脈性出血の場合は傷部に直接圧迫を加え、同時に指圧点を圧迫すればたいていは止血出来る。

4) 止血帯法

① 止血帯は他に止血の方法がないときすなわち最後の手段である
② 止血帯は本人の生命をとりとめるためには「止血帯をかけたところから下は切断してもやむを得ない」と思われるとき以外は使用しない位の心構えが必要である

5) 棒を使う方法

図のように三角巾を二重に巻いて、一重に結びその下に棒を入れてそれを片手aでつかむ。他の手の人さし指と中指bをそのつかんだ下に入れる。aで上に引きbで下に押しながらaをひねって締めてくる。bが締まる程度締めてきたら、bを抜くと同時に

aをもう一度ぐっと締めれば、確実に止血ができる。止血ができたら三角巾の両端を図のように棒が戻らないようにそれぞれ逆方向へ巻いて、両端を反対側で結んでおく。

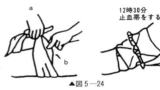

最後に必ず止血帯をかけた時刻を記入した票をつける。(図5－24)

〔注〕 止血帯は、必ず医師に解いてもらう。

6) 棒を使わない方法

まず止血帯を二重に折って巻き、その両端をたがい違いに二重に折ったところに入れて、そこに当て物をして、両方に引き締める。止血ができるまでしっかり締めて、

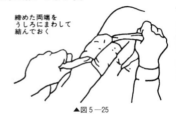

止血ができたらそのまま両端を交差して反対側へまわし結んでおく。(図5－25)

7) 止血部位と止血点

	止血部位	止血点
①	ひたい、こめかみ	耳の中央の前約0.5cm
②	後頭部	耳の中央の後約1cm
③	顔面下部	下顎の角の前約1cm

④	頭部	鎖骨中央から上約3cm（顎を真直にし布をあてて四指で押える。）
⑤	腋（肩・上腕上部）	鎖骨の上のくぼみへ拇指を入れ鎖骨の方へ第一肋骨に向って押える。このとき他の手で頭を手前にひねると具合がよい。
⑥	上腕・前腕	上腕の内側で骨に向って強く圧する。前腕の場合は、肘の内側の中央部を押える。
⑦	指	指のつけ根に近い両側
⑧	大腿・下腿	大腿のつけ根の中央よりやや内側、下腿の場所は膝関節の背面の中央部を押えてもよい。
⑨	足指	足ゆびのつけ根に近い両側

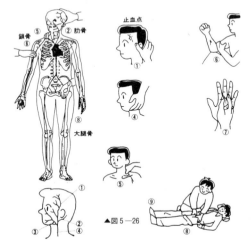

▲図5—26

3 鼻 血

① 窓を開けて風通しをよくし、ネクタイや首のボタンをゆるめる
② 両肘を机につかせて顎をささえ、中指で鼻を両方からしっかり押える。息は口からするようにさせる（図5―27）
③ 鼻の上からひたいにかけて濡れたタオルなどで冷せば早くとまる
④ この方法で止まらないで、なおひどく出るようならば単純な原因による鼻血ではないと考え、早く医師を迎える。頭と肩をすこし、上げて寝かせるとよい

▲図5―27

5―4　人工呼吸

1 呼吸が止まった

呼吸が止まった人には、心臓が止まる前に一刻も早く人工呼吸を実施しなければなりません。時間が経過するにつれて、脳の中の酸素が不足してしまう。すると、心臓の機能（血液循環）が失われて、ついに死に至る。人工呼吸の方法としてはいろいろある。

2 人工呼吸法

1)準　備

① 戸外ならば平坦で木陰等の場所、屋内ならば窓等を開けて空

気の流通をよくする
② 毛布等を敷いて保温に注意し、衣服を脱がせて上半身を裸にする（口対口—マウストウマウス—の場合を除く）
③ 気道を確保する
④ 口をかたく閉じていたり、舌が奥へ落ち込んでいる場合には、口を開き、舌を引っ張り出して、広い布または2本の箸で舌をはさんで口の外に出す
⑤ 仰向けの人工呼吸では、額を手で押し、やや頭部を後方に下げ、"おとがい"を他の指で押し上げる
⑥ 溺水の場合には口の中の吐物、唾液等をガーゼや脱脂綿で拭いてやる。うつぶせにして人工呼吸をするときは、頭を強く後ろにそらせる必要はない
⑦ 義歯などがあれば、はずしておく

3 注意事項
① 負傷の状態に応じて術式を選ぶ
② どの人工呼吸でも、1分間に12〜15回の速さで行う（5秒に1回くらい）
③ 長時間実施するので交代して行う
④ 呼吸が回復しても再び止まることがある。その場合には、引き続いて人工呼吸を行うとともに、アンモニヤ水を嗅がせたり、冷水を胸に注いだり、鼻孔を羽毛でくすぐったりする
⑤ 医師によって死が確認されるまでは人工呼吸を続け、けっして短時間で中止してはならない
⑥ 呼吸が回復しても、経過をみる必要があるので十分安静をとること

4 気道の確保について
人工呼吸をする場合にもっとも大切なことは、気道を確保することである。異物が気道を阻害したような場合以外で阻害の原因

となるのは、舌根である。舌は下顎についていて意識不明になって下顎の筋肉が弛緩すると舌根がのどのほうに落ちこみ、そのため気道がふさがれて十分な呼吸ができなくなる。従って意識不明の人を発見したらまず顎を上に上げ気道を十分に開いてやることが大切である。

嘔吐物・泥・砂などが口中にたまっているときは、頭を横に向けて、指でとり出す。

5 人工呼吸の方法

1) 口から口へ法
（マウス トウ マウス法）

仮死者の体位

① あお向けに寝かせる
② 術者は仮死者の頭部のほうへ位置をとる
③ 片手を額にあてて下へ押し、もう一方の手の人差し指と中指の2指を下あごにあてがって持ち上げる

息の吹き込み方

① ひたいを押さえている手をずらして、仮死者の鼻をつまむ。このとき顎が元に戻らないように注意すること
② 後頭部のほうの手をぬいて仮死者の顎をつかんで下のほうに引い

▲図5—28

て口を開ける。(顎をつかむ指を事故者の唇と平行に置き仮死者の顎動脈やのどを押さえないこと)

③ そのまま術者は自分の口を仮死者の口に当てて息を吹き入れる

2) 口から鼻へ法

けいれんなどで口があかない場合は、仮死者の鼻から息を吹き込む方法をとるとよい。

① 片手を傷病者の額にあてて下へ、もう一方の手のひらを下あごにあててあごを持ち上げ、気道を確保する

② 下あごにあてた手の親指・人差し指・中指で口があかないよう押さえる

③ 大きく息を吸い込んでから、自分の口で傷病者の鼻を完全におおい、ゆっくり、大きく息を吹き込む。胸がふくらんできたら、息がうまく吹き込まれている証拠である

④ 1回目の吹き込みが終わったら、口を離す。そして、下あごにあてた手の親指を下くちびるにあてて押し下げ、

口から息がもれないように注意！

胸を見る

▲図5-29

息を吹き出させる

■5—5　AEDの使用

　AED（自動体外式除細動器）とは、心停止の人の心電図を自動的に解析し、心室細動を検出したときに、除細動を行う器械である。AED は、心室細動（異常な拍動を繰り返し、ポンプとしての役割を果たしていない状態）の心臓を、電気ショックによって、一時静止させることにより、正常な拍動の再開を促すためのものであり、心停止した心臓を電気ショックで再起動させるためのものではない。

1)心停止

　心停止した人は、1分1秒でも早く、AED を使って、心室細動かどうかを診断することが救命につながる。AED が、心室細動と診断した場合のみ、除細動を行う。心室細動ではないと診断した場合は、心臓マッサージを行うよう、アナウンスが流れる。

2)AED の使用方法

　AED は、操作方法を音声でガイドしてくれるので、誰もが簡単に使用できる。

①　蓋を開けると、自動的に電源が ON になる。

②　電極パットを胸に貼る。

　AED が、心電図を自動的に解析し、心室細動かどうかを判断する。心室細動状態と診断された場合、

③　電気ショックが必要とのアナウンスが流れたら、電気ショックのボタンを押す。

　心室細動ではないと診断された場合、アナウンスにしたがい、心臓マッサージを行う。

　AED の使用によって、一時静止された心臓は、本来であれば自動的に拍動を再開するが、酸欠等の状態にあると拍動が再開し

にくいため、AEDの使用後、速やかに人工呼吸と心臓マッサージで、拍動の再開を促す必要がある。

3) AEDの設置場所

2004年7月、一般市民もAEDを使えるようになってからは、空港、旅客機内、鉄道駅構内、新幹線車両内、フェリーターミナル、フェーリー内など、多くの場所に設置されるようになった。心停止に陥る可能性の高い疾患を持つ人の家庭は、自家所有することが、望ましい。

■5—6　心臓マッサージ法

1 心臓マッサージ

心臓マッサージは心臓が停止した時に行うものであるが心臓が停止した人を蘇生させるためには、人工呼吸と心臓マッサージを同時に併用しなければ意味がない。

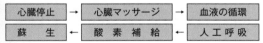

2 方　法

1) 患者を仰向けにし、堅い平らな所に寝かせる
2) 術者は一方の手を患者の胸骨の下、みぞおちの上にあてる(図5—30)

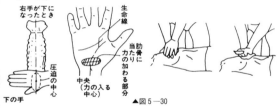

▲図5—30

3) 他方の手をその上に重ねて、体重をかけながら力をしぼって押す

   肘骨が折れるぐらいの力をかける（図5—30）
4) 以上の動作を1分間に80〜100回ぐらいの速度で心臓の鼓動が回復するまで、又全く絶望であることが明らかになるまで続ける

■5—7　運　搬

■ 患者の運び方

1)準備と手順

本来患者を運搬する場合はタンカを使うのが一番よい方法であるが、現地作業等においては必ずしも人員等条件が揃うとは限らないし、むしろ揃わない場合が多い。

■ 方　法

1) 運搬に先だって患者に対する処置は完了したか
2) 患者をどんな体位で運ぶのか
3) 保温は適切であるか
4) 担架（応用担架）は適切につくられているか
5) 運び先と経路を確認する

本項については1〜2人で患者を運搬する方法について述べる。運搬は患者にとって一番楽な方法を運ぶ。

1) 肩をかして歩かせる法（図5—31）

▲図5—31

▲図5—32

左図は患者が右足を損傷している場合
運搬人の左手に注意

2) 抱いて運ぶ法（図5－32）
患者の左手に注意

3) 背負って運ぶ法（図5－33）
患者が意識のない時にこの方法を応用すれば理想的な運搬ができる
運搬人の右手に注意

▲図5－33

4) サドルバック法（図5－34）
肩をかして歩いているうちに患者が弱って歩けなくなったり、意識がなくなったりした場合に使う

5) ファイヤーマンズ法（図5－35）
火事場など子供のように比較的体重の軽いものをかついで運ぶ時に使う

▲図5－34　　▲図5－35

6) ドラッグ法（図5－36）
火事場などで体重の

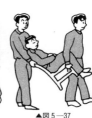

▲図5－36　　▲図5－37

第5章 救急処置

79

ある人を運ぶときに使う

7) 椅子を使う法（図5—37）

階上から階下に患者を運ぶときに使う

8) ドラッグ法の応用(1)（図5—38）

9) ドラック法の応用(2)（図5—39）

10) 広い階段を運ぶ方法（図5—40）

11)～13) 手を組んで運ぶ法（図5—41、A、B、C）

▲図5—38　　▲図5—39

▲図5—40

▲図5—41

■ 5—8　症状による応急処置

❶ 熱中症
1)症　状
① めまい、冷や汗、手足のけいれん、吐き気、頭痛、意識障害等
② 続いて体温が上昇し、精神状態は不安定となり意識が消失する

2)処　置
① 涼しい場所に移す
② 衣服をゆるめ、胸、腹を出し、風を送る
③ 脇の下、首の回り、脚の付け根を冷やし体温を下げる
④ 呼吸が止まっているとき、または不規則なときは、人工呼吸を行う
⑤ 意識が回復したら冷たい飲料を与える
⑥ 医師に連絡をする

❷ ショック
大きな負傷（外傷、打撲、骨折、出血など）、精神的打撃、疲労、火傷、凍傷などのあと体の血液循環が異常に悪くなり体全体の働きが悪くなる状態をショックという。

1)症　状
① 顔面はそう白となり、手足は冷え、冷汗をかく
② 呼吸は不規則で、長く深いため息と、浅い呼吸とが混じる
③ 脈は弱くて早い
④ 意識はなくなっていないが、ボンヤリしている。重症の場合には意識不明になる
⑤ 悪心、嘔吐がある

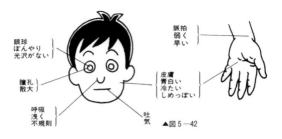

▲図5—42

2)処　置

① 　直ちに適当な体位に寝かせる
衣服をゆるめ循環をよく
する（図5—43）

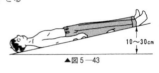

▲図5—43

（一般的には図5—43
のような体位となるが頭、
胸、腹の損傷の場合は高
くしない）
大出血や呼吸の乱れが同時にあるときは、止血や人工呼吸を先
に行う。

② 　保温する（寒からず暑からずという程度）
③ 　本人が飲むことが出来れば飲物を与える
④ 　苦痛をやわらげ、とり除く方法を講ずる
痛みがあるからといって鎮痛剤をやたらに飲ませない
⑤ 　一刻も早く病院に運ぶ

3　意識混濁

意識は昏睡、失神（人事不省）と卒中に大別できる。

1)症　状

昏睡は外部からどんな刺激を与えても反応しない状態のもので

失神又は人事不省は意識を失っている状態で、卒中とは突然に意識障害が起って倒れる発作をいう。

2)処　置

① 意識のない耳元で大声をあげて呼んだり、体をゆすぶって意識を取りもどそうとしてはならない
② 患者は仰向けに寝かせるが、吐くことが多いので顔を横向けにする
③ 顔色が赤い時は頭部を上げ、頭や心臓部を冷やし、衣服をゆるめて安静にする
④ 蒼白な時は、ショック、脳貧血などの場合が多く、頭を低くする
⑤ 紫色の時は、呼吸困難、呼吸停止の症状を示していて直ちに人工呼吸を施す必要がある
⑥ 酒の臭がするだけで、簡単に酩酊していると判断してはならない
⑦ 吐物、大小便などは捨てずに医師の検査資料とするため保存する

4 脳出血

1)症　状

① 何の前ぶれもなく突然意識不明となり倒れる
② 呼吸は少し大きく、いびきをかく
③ 顔色は赤みをおびている
④ 脈は遅くなり、瞳孔の大きさはふつう拡大し、左右不同である
　（発汗し、四肢はグッタリとして緊張がない。大小便の失禁を見ることが多い）
⑤ 発作中に筋肉のケイレンが起ることがあり、嘔吐が起ることが多い

2)処 置

① 衣服をゆるめ、その場に仰向けに寝かせ、決して遠方に運んではならない。頭を動かさないようにすることが大切

② 絶対安静。頭を高くして、冷やす

③ 嘔吐することが多いので、顔を横に向け、口を開けさせるとよい

④ 発作後、4〜5時間たったら静かに衣服をかえてもよい。部屋は換気をよくし、室温は15〜20℃、少し暗い方がよい

医師へ連絡する

⑤ 脳貧血

1)症 状

① 顔面蒼白、めまい、吐気、嘔吐、冷汗

② 血圧が下がり意識がなくなり卒倒

③ ケイレン、大小便の失禁

④ 脈搏は弱く、遅いことがある

2)処 置

① 風通しのよい所に寝かせ、衣服をゆるめ、毛布などで保温する

② 頭を低くする

意識が回復しても、単なる脳貧血であるかどうか、医師の判断を受けておく

⑥ 打撲傷 （もんではいけない）

1)症 状

① 皮下出血、又は皮下溢血

② 疼痛、腫腫（はれ）、機能障害

③ 発熱（皮下出血の呼吸により生ずる）

2)処 置

受傷部位、受傷したときの状況、局所の症状をよく観察し、軽

傷かまたは重症になるかを判断する。
① 原則として冷湿布とその部分の安静が第一。冷湿布は水か2％のほう酸水などをひたしたガーゼか布をあてるとよい。また幹部を高くする。決して、もんではならない
② 骨折や脱臼を伴っている疑いがある時は添え木包帯を行う
③ 頭、胸、腹の打撲傷の場合は、二次的に生じる危険な症状を警戒
　頭）冷湿布、頭を高くする
　　　おう吐、人事不省、眼耳鼻からの出血、興奮があれば速やかに医師にゆだねる
　胸）激しい胸痛、呼吸困難、出痰に注意
　　　安静にし、上半身を高くしてねかせ速やかに医師にゆだねる
　腹）激しい腹痛、腹部の膨満、おう吐がある場合、内臓破裂が疑われる
　　　膝を曲げてねかせ、速やかに医師にゆだねる。飲食物は決して与えてはならない

7 開放性損傷（キズ）

1)症　状
① 疼痛（唇、舌、指先、肛門附近は強い）
② 出血

2)処　置
① 注意事項
1. 消毒してない指、紙、布等を傷に接触させてはいけない
2. 傷に土砂、衣服片などが付着している場合には、容易に取れるものは消毒したピンセットで取ってよいが、決して無理はしない
3. 傷をぬぐったり水で洗ったりしない

4. 軽度の出血は自然止血をまつ（指で押さえたりはしないこと）
　　〇傷の周囲に、局所消毒剤（イソジン、ヨードチンキまたはマーキュロクローム液）を塗る。傷の中は塗らない
　　〇その上に、消毒したピンセットを用いて、消毒ガーゼを当て、さらにその上を包帯する

② 消　毒
　1. 手をエタノール又は逆性石けんで消毒
　2. 傷の囲りにヨードチンキを塗る（傷の中に塗らないこと）
　3. 傷が汚れているときは過酸化水素液で汚れを除く。油類で傷が汚れている時は、ベンジン等で傷の周囲から外方へふきとり（傷の中はダメ）エタノールで消毒する

③ 疼痛軽減
　1. 幹部を心臓より高く上げ、安静にする
　2. 幹部を冷やす

④ 止　血（止血と止血法を参照）
　1. 消毒ガーゼを沢山あて圧迫包帯を行う
　2. 手足の主幹動脈が破れたような稀な大出血の場合は、指圧止血、又は緊縛止血を行う

　⑤ 脱衣、着衣
　1. 傷のない手足から脱がしてゆく
　2. 着衣の場合は傷のある側から始める

⑧ 関節損傷

1)種　類
① 挫傷…関節部にひどい打撲をうけるとひどい痛みとなり腫れてくる。又血腔内に血液がたまる場合もある
② 捻挫…脱臼しかかって元に戻ったもの
③ 脱臼…挫傷よりさらに強い力が加わると関節がはずれる

2)処　置

① 患部の安静をはかる。必要があれば添え木を用いて固定する
② 患部を冷やす。痛みや腫れが引くまで冷やす
③ 足関節の場合は患部を高揚する
④ できるだけ早く医師の治療をうける

9 骨 折

1)症 状
① 本人が骨折音を聞く
② 局部にひどい痛みと腫れがある
③ 変形があり屈曲することがある
④ 骨折部位に隣接した関節が動かせない
⑤ 骨折した四肢は健全な方より短い場合がある

2)処置についての一般的注意事項
① 骨折の疑いがあるときは骨折として扱う
② 創傷があるときはまず創傷の手当をしてから添え木等で固定する（週刊誌等も添え木の代用となる）
③ 運ぶ時は本人がもっとも楽だという体位で運ぶこと
④ ショック症状があればその手当をする

3)添え木について
① 添え木は上下の関節にまたがる長さが必要で、必ず上下の関節にかける
② 骨や筋肉のあたる所には綿や布片等を巻く
③ 添え木の端は手足の先から少し出るようにする
④ 包帯や三角巾の結目が骨折部にあたらないようにする。

4)各部骨折の手当

鎖骨・骨折

（三角巾2枚使用）

（三角巾1枚使用）

（三角巾がない場合）

▲図5—44

肘骨折

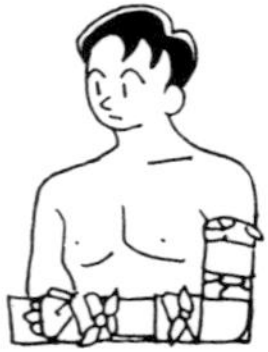

▲図5—45

（L字型添え木）

上腕骨折

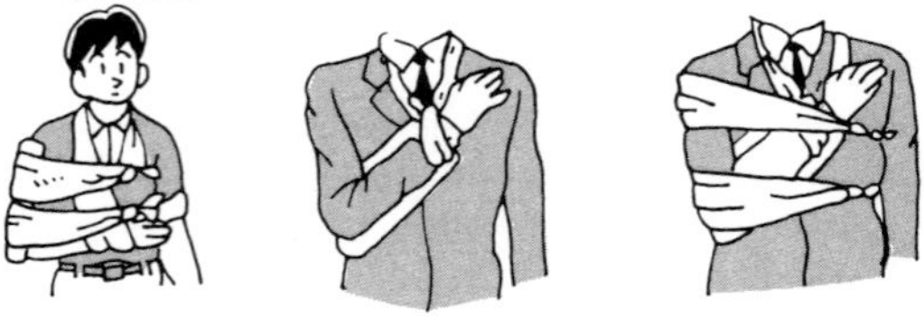

▲図5—46　（添え木がない場合週刊誌等で代用）

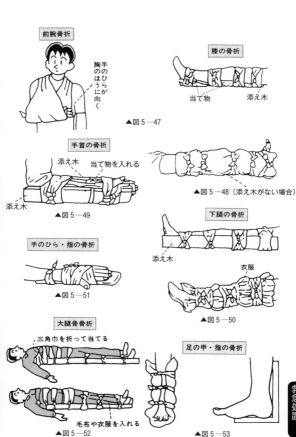

10 ぎっくり腰、アキレス腱損傷など

1)ぎっくり腰

ぎっくり腰は筋ちがいの一種である。筋肉を極度に使ったり、ひどく伸ばしたときに、筋肉を構成している筋繊維や結合組織、また腱などが傷ついて内出血を起こし、痛んで動かなくなるものである。ぎっくり腰を何度も繰り返して起こしていると、椎間板ヘルニアになりやすいものである。

ぎっくり腰を治すには初めの安静が大切です。初めに不養生だったために経過が長引くことが多いものである。

① 安静が第一。できるだけ楽な体位で寝る。体をエビのように丸めて横向きになるか、仰向けで、ひざの下に毛布を丸めたものを支えにして寝る（図5―54）
② 筋ちがいを起こした腰の筋肉のところが赤くなっていたら、冷す
③ 一日か二日、できるだけ楽な姿勢で寝ていて、痛みが静まったら医師へ

▲図5―54

2)こむらがえり

ケガも何もしないのに、急に土ふまずやふくらはぎがひきつったようになり、ひどく痛み動かせなくなることである。
① 足先をつかみ、足を反らせるように引っ張る
② 土ふまずを押す
③ 足・患部を湯につけて温め、痛いところをもむ

3)アキレス腱が切れた

急に激しいスポーツなどをすると切れることがある。また、中年以上の人だと、激しくなくとも切れてしまうことがある
① 絶対に立ったり歩いたりしてはいけない。腹ばいになり、足の甲をできるだけ床面につけるようにし足を伸ばす

② 添え木を使ってすねから足先まで固定する
③ 動かさないで、早く医師の診療を受ける

⓫ 熱　傷（やけど）

1) 熱傷は火災、蒸気、熱気、熱湯、薬品（酸・アルカリ等）電気（電流・スパーク）等を原因として起る。その程度によって第１度、第２度、第３度に分ける

2) 熱傷の危険度は"熱傷の深度"よりも"熱傷の広さ"による。第１度の軽い熱傷であっても全身を広く熱傷すれば狭い範囲の第３度の熱傷より危険が多い。
全身の 1/3 以上になると危険であり 1/2 以上になると瀕死の状態となる。（図 5 － 55）

3) 熱傷の程度とその手当

	外　見	症　状	手　当
1度	皮膚の色が赤くなる。	痛みがひりひりする感じ。	きれいな冷たい水で 20 分～ 30 分をめやすとして冷やす。
2度	皮膚は、はれぼったく赤くなり、水ぶくれができる。	強い痛みと焼けるような感じ。	きれいな冷たい水で冷やす。水ぶくれはつぶさない。
3度	皮膚は乾いて硬く蒼白になり、場所によってはこげている。	痛みはほとんどなく、皮膚に感じがなくなる。	きれいな冷たい水で痛みのなくなるまで冷やす。油、軟膏、みそなどを塗らず早く医師へ。

① 熱傷は、原因のいかんを問わず、まず水道の水で 10 分ぐらい冷やします。洗面器などに満たした水の中にやけどをした部

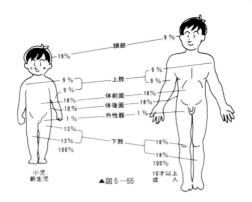
▲図5―55

分を入れ、その上から水道の水を流して冷やす

② 衣服の上からの熱傷は、衣服を脱がさず、そのまま冷やします。衣服を脱がそうとすると、ぬいめなどにたまっている熱湯のために、やけどの範囲を広げてしまう危険がある。衣服は冷やしながら脱がす。脱がせにくいときは、ハサミで切り開く

③ 水ぶくれができているときには、破らないで、そのままにしておく

④ 冷やしたあとは、ハンカチ、バスタオル、敷布、その他、やけどの大きさに応じて、きれいな布でそっと包む。包むことによって、かなり痛みが和らぎます。やけどを包んだあと、包帯などで縛ってはいけない。ふんわりと包んでおくことが大切である

⑤ 軟膏、チンク油、みそ、しょう油などは一切厳禁。細菌感染を起こしやすく、やけどの表面からでてくる液の吸収を妨げるためである

92

12 凍 傷

凍傷は寒冷のために血管の働きがにぶり、循環障害をおこして、細胞が窒息状態になったものをいう。

程　度	症　状	応急処置
第1度	皮膚は最初赤く次いで紫色に変わり、感覚が鈍くなる。かゆくなる。	エタノールなどで患部を消毒し、ガーゼをあて包帯をする。
第2度	水泡ができる。かゆい感じがしたり又は痛みがある。	水泡のまわりの端に1～6個の小孔をあけて液を出した後、ガーゼをあてて包帯する。(水泡を破ると傷が直りにくいので注意)
第3度	壊死となり、局所は暗紫色、ひどく腫れる。感覚はない。	ガーゼをあてて、包帯をして、至急医師にみせること。

1)処　置
① 凍傷の場合はいずれの場合も早く医師の手当を受けることが必要である
② 雪や雨の当らない場所へ移動させ、全身マッサージや人工呼吸をする
③ ぬるま湯に患部を浸して温め、マッサージをして血行をよくする
④ 温度差のある部屋に急に入れない

2)凍仮死（全身の活動力が衰え仮死状態におちいったもの）
風のない寒い所に寝かせ、眠らせないように注意する。
① 呼吸が停止していれば、直ちに人工呼吸を行う
　身体は徐々に暖める（急に暖めると心臓が止まる）

② 温浴させる（概ね 40℃位）

③ よく体をふいて温かい床に寝かせる

④ 意識が出て落ちついたら温かい飲物や流動物を与える

🔢 埋　没

1)救　助

① 速やかに埋没者を掘りだす

② 埋没者の位置を確認して頭から掘り出す

2)処　置

① 頭が掘り出されたら鼻や口につまった土砂をふきとりすぐに人工呼吸法（口から口へ法、口から鼻へ法）を行う。全身を掘り出してからの人工呼吸は手遅れになりがちである

② 骨折や脱臼をよく調べ、その手当を行う

③ 気がついたら温かい飲物を与える

🔢 電撃傷（感電傷）

1)感電者の救出

① まず、スイッチを切る。高所で感電しているときは、墜落する場所に救助網等を張ってからスイッチを切る

② ゴム靴、下駄をはくか、または毛布、机等の電気の不良導体の上に乗り、ゴム手袋をはめ、竹や木で感電者を電線から引き離す。また、布片、衣服、毛布で手を包んで感電者の衣服をつかんで引き離す

③ とにかく、素手でやったり、またぬれた物、金物類は絶対使わない

2)処　置

① ショックで仮死状態のときは、人工呼吸を行う（できればその場所で）

② 空気の流通のよい所へ運び、静かに仰向けに寝かせる

③ うわごと、けいれんがある場合には冷水で頭部を冷やす

④ 火傷の部分は、一般の火傷と同様な手当をする

15 おぼれた

1)救　助

① 意識のあるときは、竿、棒、ロープ等を水中に投げてつかまらせる
② それができない場合には、衣服を脱いで飛び込み、おぼれた人にしがみつかれないように、後方から近寄って、両手で頭をはさんで、背泳で陸へ運ぶ（図5—56）

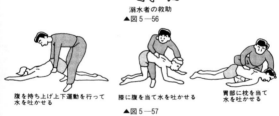

溺水者の救助
▲図5—56

腹を持ち上げ上下運動を行って　　膝に腹を当て水を吐かせる　　　胃部に枕を当て水を吐かせる
水を吐かせる

▲図5—57

2)処　置

① 衣服を脱がせる
② 布片を巻いた指を口中に深く入れ、泥汚物を拭きとる
③ 次に、水を吐かせる。溺水者を腹ばい（うつぶせ、腹臥位）にし、救助者がその上にまたがり、両手を胃部に組んで上方に持ち上げ、軽く上下運動を行う。あるいは、溺水者の胃部を救助者の膝の上に載せるか、または、枕等を胃部に当て、手掌で背部を叩いて水を吐かせる（図5—57）
④ 人工呼吸を行う（口対口法—マウストウマウス—）

⑤ 医師と連絡をとる

⑥ 呼吸運動が回復すれば、身体各部を乾いた布で摩擦し、また身体を徐々に暖める

🔟 ガス中毒・酸素欠乏

都市ガス、プロパンガス、一酸化炭素、二酸化炭素（炭酸ガス）、その他（新建材・化学繊維の燃焼）の有毒ガスが原因となる。

酸素欠乏、一酸化炭素中毒がいっしょに起こることが多く、頭痛、耳鳴り、めまい、意識障害が起こり、呼吸困難となります。意識より手足の神経が先にやられてしまい、途中でガス中毒（一酸化炭素中毒）に気づいても手足がきかないということがある。

炭酸ガスがたまると呼吸は大きくあえぐようになり、心臓がどうきを打ち、顔は赤くなり、意識がなくなり、けいれんを起こすようになると危険がせまっている。

1)救　助

① ガスマスクを着用してから救助に向かうが、絶対の安全性はないので、できるだけ低い姿勢で入る方がよい

② 事故現場の換気を充分に行う

③ 暗い場所での救助活動は必ず懐中電灯を用いる

2)処　置

① 新鮮な空気のあるところへ運び、衣服をゆるめて寝かせる

② 人工呼吸を行う

③ 自力で呼吸するようになったら再び呼吸停止がこないように合わせて人工呼吸を行う

④ 保温を考え適当な体位に寝かせる

⑤ 医師の手当を早く受けさせる

🔟 犬などの動物に咬まれた

動物などに咬まれたときは、単に咬み傷だけでなく引っかかれたり、小さな子供などは、体ごと振りまわされて強い打撲を伴う

こともある。また傷が軽くても後で重い感染症を起こす恐れがある。

1) 水道の水や、消毒液で十分に洗い流す
2) 清潔な布やガーゼできず口をおおい、必ず医師の診療を受ける

▲図5－59

3) 保健所に知らせ、咬んだ動物が悪い病気を持っているかどうか調べてもらいます

18 毒虫刺傷

1) 細菌感染を起こしやすいから、かゆくてもかかないようにする
2) 蜂にさされたときは針が残っていればぬいてアンモニア水を塗る
3) 毒蛾にさされたときは、石けん水で洗いさらに水でそれをよく洗い落してすぐ医師の手当をうける
4) ムカデに刺されたときは傷口上部を圧迫して、液を押し出し食塩水であらう。うすいアンモニア水をぬり冷湿布をする
5) 腫れてくるようなら冷湿布をする

19 かぶれ

うるしなどにかぶれたとき油などを塗るのはやめる。かえって刺激することになりかゆくなる。掻き傷がつき、そこから悪化することが多いので注意する。

1) 濃い石けん水をつくり、それで5～6回洗います。その後水道の水で洗い流します。このとき、汚れた水が他の皮膚に付かないように気をつけます。また、決して強くこすったりしてはいけません

2) 冷湿布をしてから早く医師の診療を受ける

20 異物の侵入（眼）

1) 大体上瞼の裏側に付着しているので上瞼のまつ毛をつかみ下まぶたの上に重ね、まつ毛をつまんでいる指を離すとごみは下まぶたの上にくっついてとれる
2) 下まぶたのごみは水で濡らした綿棒、ハンカチでごみを払うようにしてとる
3) 眼球に異物が刺さった場合は自分でとろうとせず、ガーゼなどを軽く上からあて、眼科医の手当をうけること
4) 薬品が眼に入ったときは眼球や瞼の裏に直接水道水を当てないようにやかんのような容器から水を流し洗う（図5—59）

▲図5—59

21 食あたり

調理してから時間がたってしまったものや、生の食品が細菌で汚れたものが原因となります。腹痛、嘔吐、下痢などの症状ではじまり発熱します。

1) 早くぬるま湯や食塩水を多量に飲ませ吐かせる。ただし、食後数時間以上たっていれば、吐かせようとしても無駄です
2) 吐いた物が気道に入らないような体位をとらせます
3) 必ず医師の診療を受け、その前には、下剤（ヒマシ油など）や下痢止めは絶対に飲んではいけません
   ① 食べた食品は検査用の分だけ残し、他はすべて廃棄する
   ② 速やかに医師に連絡する。食中毒は医師が保健所に届け出なければならないものとなっている。また吐いた物や便などは医師の指示により処分する

現地調査
安全衛生手帳
日本測量協会関東支部
測量地図作成作業安全衛生編集委員会／編著
定価 770 円（本体 700 円＋税 10%）

初　　版	1993 年 5 月 1 日	
改訂第1版	2017 年 9 月 1 日	
改訂第1版第8刷	2024 年11月20 日	

発　行　者　公益社団法人　日本測量協会
　　　　　　〒 112-0002 東京都文京区小石川 1－5－1
　　　　　　パークコート文京小石川 ザ タワー
　　　　　　TEL 03（5684）3354
印　　　刷　日本印刷株式会社

ISBN 978-4-88941-098-3　　　　　　　不許複製